JN059009

# 1冊まるごと、松之丞改め 六代目 神田伯山

ペンブックス編集部【編】

CCC Media House

# はじめに

2020年2月11日より真打です。我ながらおめでとうございます。

そこで以前出した〈ペン・プラス〉の内容を多少変えて、〈ペンブックス〉を出版させていただきます。

前回、残念ながら〈ペン・プラス〉に出ていただけなかった人にご登場いただきつつも、内容の大部分はほぼ同じという、狂気の本となっております。

高田文夫先生に笑いながら、「アコギな商売」をしてという。長い演芸史で、様々なアコギを知る先生に言っていただく嬉しさ。そんな素敵な言葉をいただいたのが、この〈ペンブックス〉です。

それでも、師匠の人間国宝・神田松鯉をはじめ、ジブリの鈴木敏夫さん、爆笑問題の太田光さんには初めて出ていただき、また、万城目学さんや杉江松恋さん、内堀弘さんなどの方々には特別にご寄稿いただき、ありがたいです。

そして高田先生には、もう一度インタビューに行くという、しつこさ。

前回はオーケーだけど、今回は内容を入れ替えないといけないページもあるという。人間関係は複雑怪奇にして、現在進行形であるとわかると思います。

今の交友関係をすべて紹介するような、これでようやく私の中では〈ペンブックス〉『1冊まるごと、松之丞改め六代目神田伯山』として、完成いたしました。

ご賞味あれ。

**松之丞**改め六代目**神田伯山**

# 神田松之丞から、六代目神田伯山へ。

文・編集部　写真・小磯晴香

## 真打昇進襲名披露記者会見

２０１９年12月２日、浅草ビューホテルで、神田松之丞改め六代目神田伯山の真打昇進襲名披露に向けての記者会見が行われた。会見場の後ろにはテレビカメラがずらりと並び、注目度の高さを示す。会見には落語芸術協会会長の春風亭昇太、副会長の春風亭柳橋、師匠であり人間国宝の神田松鯉が同席。

師匠の松鯉は「これからもっと大きな大輪の花になってもらいたい。講談界に本当の春が来る兆しがある」と挨拶。松之丞改め六代目神田伯山は「44年ぶりに伯山が復活するのは、師匠のおかげであり、他の方々のご尽力もあったと思います。憧れの名前を継ぐことができて感謝しています」と言葉を紡ぐ。

真打になる前にやり残したことはないか、

記者会見は、随所で笑いが起こる和気藹々とした雰囲気のなかで行われた。右から、落語芸術協会会長の春風亭昇太、神田松之丞改め六代目神田伯山、師匠であり人間国宝の神田松鯉、落語芸術協会副会長の春風亭柳橋。

との質問に、「二ツ目でやり残したことはない」と断言した六代目神田伯山。２０２０年2月11日以降、どんな景色を見せてくれるのか、ますます期待が高まる。

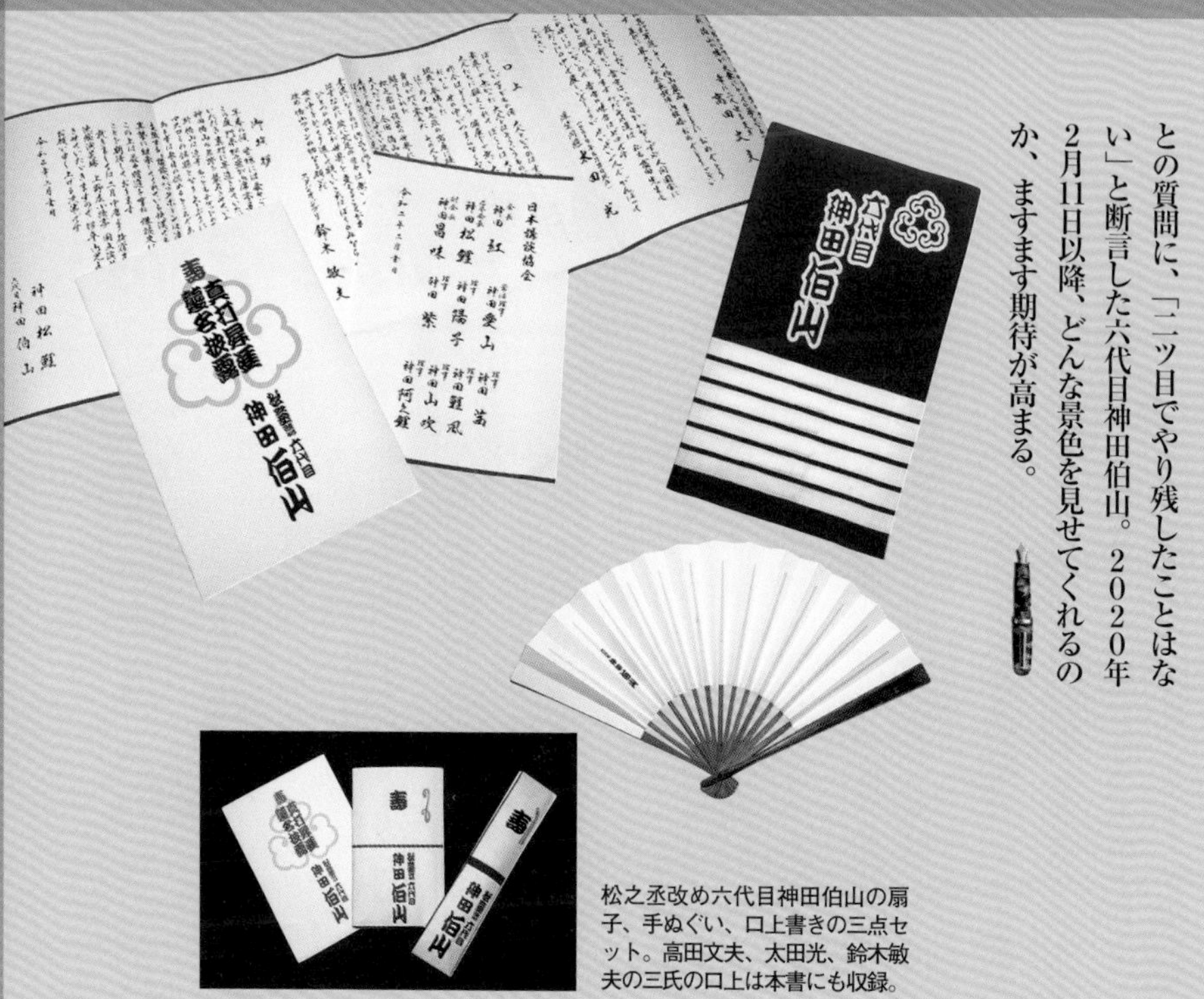


松之丞改め六代目神田伯山の扇子、手ぬぐい、口上書きの三点セット。高田文夫、太田光、鈴木敏夫の三氏の口上は本書にも収録。

# 真打昇進襲名披露興行

- 新宿末廣亭…………2月11日(火)～20日(木)……夜席
- 浅草演芸ホール……2月21日(金)～29日(土)……夜席
- 池袋演芸場…………3月1日(日)～10日(火)………夜席
- 国立演芸場…………3月11日(水)～20日(金)……昼席
  (13日のみ夜の部もあり)
- お江戸上野広小路亭……4月1日(水)…………………昼席

問い合わせ 公益社団法人 落語芸術協会

☎03・5909・3080

http://www.geikyo.com/

# 1冊まるごと、松之丞改め六代目神田伯山

目次

※本書は『Pen＋』(ペン・プラス)「1冊まるごと、神田松之丞」(2018年10月)をベースに、新しい記事を加え再編集したものです。
●Pen＋『ダークヒーローの時代。』(2018年9月刊行)を加筆修正の上、収録。
◇Pen＋『1冊まるごと、神田松之丞』(2018年10月刊行)を加筆修正の上、収録。
◆Pen＋『蓮二のレンズ』(2019年9月刊行)を加筆修正の上、収録。

# 1冊まるごと、松之丞改め
# 六代目 神田伯山

いま、ひとりの男によって、伝統の話芸——「講談」が息を吹き返した。

その男の名は、松之丞改め六代目神田伯山。持ちネタは150席を超える。

右手に張扇（はりおうぎ）、左手に扇子をもち、釈台（しゃくだい）をパパンと軽やかに叩き、物語を読む。

歴史上の出来事が、観客の頭の中のスクリーンに、映像として映し出される。

二刀流の剣豪が、苦悩する役者が、希代の悪人が、まざまざと浮かびあがる。

講談って、こんなにも面白いものなのか。こんなにも魅力的なものなのか。

一度聞いたら、二度三度と聞きたくなる、続きをすぐにでも聞きたくなる。

同時代に伴走できる喜びと、極上のエンターテインメントの演出に心が躍る。

この男についていけば、間違いない。必ず面白いものを見せてくれる。

すべては講談のために。そして講談の未来のために。神田伯山、ここにあり！

講談師

# 松之丞改め
# 六代目 神田伯山

Matsunojo aratame
Rokudaime Kanda Hakuzan

本名：古舘克彦
出身地：東京都豊島区池袋
生年月日：1983年6月4日
所属：日本講談協会、落語芸術協会
2007年11月 三代目神田松鯉に入門
2012年6月 二ツ目昇進
2015年10月「読売杯争奪 激突！二ツ目バトル」優勝
2016年4月「今夜も落語漬け」3分講談優勝
2016年12月「真冬の話術」優勝
2017年3月「平成28年度花形演芸大賞」銀賞受賞
2018年11月「第35回浅草芸能大賞」新人賞受賞
2019年3月「平成30年度花形演芸大賞」金賞受賞
2020年2月11日 真打昇進と同時に六代目神田伯山襲名
趣味は落語を聴くこと。

「連続物」といわれる、『寛永宮本武蔵伝』全17席、『慶安太平記』全19席、『村井長庵』全12席、『天保水滸伝』全7席、『天明白浪伝』全10席、『畔倉重四郎』全19席、また、「一席物」といわれる数々の読み物を異例の早さで継承した講談師。持ちネタの数は150席を超え、独演会のチケットは即日完売。テレビやラジオ、雑誌といったメディアを席巻し、講談普及の先頭に立つ活躍をしている。レギュラー番組に『神田松之丞　問わず語りの松之丞』（TBSラジオ）、『松之丞カレンの反省だ!』『太田松之丞』（ともにテレビ朝日）がある。

# 写真で振り返る、松之丞改め六代目神田伯山 2014～2019

写真・橘 蓮二

2014

2015

2016

2017

2018

2019

ロング・インタビュー①（2018年8月）

# 神田松之丞が、いま考えていること。

**テレビやラジオの出演も増え、想像以上のスピードとスケールで突き進む講談界の風雲児が、現在の状況と未来の展望を語る。**

インタビュー&文・九龍ジョー　写真・栗原 論　スタイリング・伊賀大介　ヘア&メイク・Yuya Takayama

**――私が初めて松之丞さんの高座を見たのは三年前の深夜寄席でした。その時からこの人は人気出るだろうと思っていましたが、ここまでのスピードとスケールは予想していなかったです。**

**松之丞**　いや、自分でも想像以上に速いと思っていますよ。やっぱり時代なんでしょうかね。

**――その速度感も含めて、松之丞さんだけ違うルールで動いているように見える時があるんです。特にテレビやラジオに出演している時の振る舞いなどを見ていると。**

**松之丞**　それで言うと、何よりもまず、食い扶持（ぶち）として講談がありますからね。それ以外のことは基本的にいつやめたってかまわない、というスタンスなんですよ。色々なテレビの芸人なんかも、昔はそういう感じだったと思うんです。でも、どんなに失うものがなさそうな人でも、徐々に背負うものができてくるじゃないですか。番組や他の出演者、スタッフのことも考えなければならないし。そこへい

衣装協力：YOHJI YAMAMOTO
（靴）スタイリスト私物

くと、僕はしょせんピン芸なので、守るべきものが師匠（神田松鯉）と講談しかない。しかも、メディアに出ていたという意味では以前に（神田）山陽兄さんがいましたけど、それでもやはり、いまだに講談は視聴者にとって少し斜め上のジャンルなんですよね。歌舞伎でもないし、落語でもない。そういうよくわからないものをしょってるやつが何かルールから逸脱するような動きをしたとしても、きっと批判しづらいんでしょう。

## 自分の理想の講談師像を、ずっと追求している。

**――不思議な立ち位置だと思うんです。松之丞さんの年齢でこれだけメディアで注目されれば、収入的にも、キャリアプラン的にも、タレント業が主戦場になったっておかしくないわけじゃないですか。**

**松之丞**　でも、そこでの僕の強さは、本丸として講談があり、メディアに出るのは「宣伝のため」とわりきっているからこそなんですよ。ただ、ラジオ（『神田松之丞　問わず語りの松之丞』）に関してだけは、もともと僕自身、ラジオリスナーだったので、こだわりがありました。いまのラジオ番組ってコンプライアンスとか自主規制で縛られている状況がすごく滑稽に見えたんですよね。「いや、俺だったら、もっとこういうラジオが聴きたいな」っていう。……でも、それを言ったら、まあ講談も同じじゃか。「こういうラジオが聴きたい」っていうのと同じように、「こういう講談師を見てみたい」っていう理想が僕の中にあるんです。

**――芸事の場合、修行期間中はあまり売り出さずに芸を磨く、という美学があったりしますよね。また、本人にとってもそのほうが幸せな場合もある。**

**松之丞**　欽ちゃん理論にもありますよね。「つまらないってレッテルを一度貼られてしまうとあとがきついから、実力蓄えてから出なさいよ」って。

**――そうなんです。そういう考え方もある中、二ツ目の段階でこれだけ注目を浴びている状況についてはどう考えていますか。**

**松之丞**　そこはまったく同じ考えで、早いうちに当然芸を磨いたほうがいいと思うんですけど、ただメディアのほうとしても、真打でもない、僕ぐらいの30代のやつが出てくるほうが意外といいのかも、というのもあるんです。僕が芸を見せた時でも、「面白くないです」っていうリアクションができる状況は悪くないと思うんですよ。実際、『ダウンタウンなう』でも、浜田（雅功）さんが「あまりピンとこねえなぁ」みたいな感じのリアクションでいじってくれましたよね。その上で、「実は僕の後ろにはもっとすごい人たちがいるんですよ」というプレゼンをするのは、講談にとっても非常に効果的だなと思って。なので、二ツ目でメディアに打って出るっていうのは、結果論として、意外と悪くなかったなと。いずれにせよ、タイミングは自分で選べませんからね。そこはもう腹をくくるしかないというのもあります。

## 嘘でも改悪でもいいから、新しい工夫を見せるべき。

**——厳然たる事実として、松之丞さんの存在によって講談というジャンルに注目が集まっているし、こんなに面白いものだったのか！　って気づかされた人も多い。すると同時に、なぜこの面白さにこれまで気づけなかったんだろうとも思うんですよね。**

**松之丞**　寄席でも、落語の間に挟まって「トイレタイム」みたいな言われ方をすることもありましたからね。寄席だと10～15分の持ち時間で爪痕を残さなくてはならないわけですよ。そこでどう演出するかを考えたときに、例えば寛永宮本武蔵伝に『熱湯風呂』という30分ほどのネタがあるんですけど、熱湯に入る前に話を切り上げてしまう先生がいるんです。「さて、このあと武蔵は熱湯風呂に入り、いかがなりますでしょうか？　……が、お時間となってしまいました」って。お客様はその熱湯に入る描写を聞きたいのに、終わってしまう。あるいは、同じく武蔵の『狼退治』でも、狼が出てくる前に終わってしまったりする。それじゃあ、トイレタイムになっても仕方ないですよ。だから、僕はまず30分のネタを寄席用の短い尺に直す作業をしたんです。それは、僕が寄席の前座という状況にいることができたのも大きかった。いっぱい失敗もしましたし、その上で効果的な見せ方みたいなのを模索できる環境でしたから。

**——「自分が客だったら」という目線があればこその改良**

ですね。

**松之丞**　それって当たり前のことだと思うんですよ。例えば、『中村仲蔵』に出てくる歌舞伎役者の仲蔵は、一生懸命、芝居の工夫をする人なんだと。そういう話をする時に、みんな工夫もなく型通りにやっている。おかしいだろと。そこは自分なりの工夫を、嘘でも改悪でもいいから、「私の仲蔵はこうです」っていうふうに見せるべきじゃないですか。そういうことは客席時代から思ってましたね。まあ、自分でも全部が全部うまくいっているわけではないですけど、その部分は大事にしています。

## 現場でやった試行錯誤が、自分の教科書になった。

**――その『中村仲蔵』にも顕著ですが、仲蔵の幼少期を冒頭に短くインサートするなど、松之丞さんの演出には映像的なセンスを感じることがあります。**

**松之丞**　東京だといまはあのやり方にしていますけど、これが地方のお客様だと、ああいう演出をやっても理解されないかもしれないんです。なので、地方では『中村仲蔵』の前半はすべて滑稽にしています。まずは笑わせる、という。最近思ったんですけど、お客様に合わせてチューニングを変えることも、芸にとってはかなり大事なことなんですよね。芸人はあまり自らはそういうことを言ったりしませんが、できる人はみんなチューニングを何パターンか用意しているんですよ。僕の場合、12年目にしてようやくそれを実感するようになりました。

**――それは、松之丞さんにとっていまチューニングが必要な段階になった、ということなんじゃないでしょうか。**

**松之丞**　これまでも客層に合わせることがなかったわけではないんですよ。ただ、いま思えばすごく粗かった。同じ相撲の話でも、「年配にウケるのは『雷電の初土俵』、若い人にウケるのは『谷風の情け相撲』。今日はどっちをやろうかな」ぐらいのざっくりとした使い分けだったので。最初からそこは教わっておきたかったとも思うんですけど、でも同時に、現場で数やってみて、初めて学べることでもあるんですよね。そうやって自分でつくった教科書も、芸になっていくんだなと思いました。

**――松之丞さんの講談について言うと、人物の躍動感に**

も驚かされます。アクションあり、心理戦あり。特に会話のテンポは際立っていますね。

**松之丞**　講談って「ト書きの芸」みたいに言われたりもしますが、そういうことだけでもないと思うんです。ト書きだけでお客様にイメージを浮かばせるって、相当うまい人でないと難しいですよ。若いうちはほとんど無理でしょう。お客様にしても、マニア以外は、会話がないと話の筋が入ってこないと思います。なので、こちらとしても、会話でどう惹きつけるかっていうのは考えますね。

――講談の客層については、いまどう見ていますか。

**松之丞**　講談と落語の垣根はなくなりつつあるかなと思っていますね。嫌な言い方をすれば、落語の持っているパイを、講談のほうに誘導することができたと思います。そうやって講談にも若いお客様が入ってくる中で、次の段階として、実はずっと悩みの種だったのが、なかなか新弟子が入ってこないという問題でした。ただ、それも解決して、ここ数カ月で5人も入門してきたんですよ。しかも、そのうち20代の男性が3人。ようやくここまで来たぞ、と。これで僕もけっこう肩の荷が下りた感じがします。ここ2、3年、フワフワしてはいますけど、やるべきことはやってきたなっていう。講談の入り口からの流れは作って、入門者も増えたので。あとは奥行きの凄さを先生方が見せてくれるかなと。

## 反復で磨かれるので、講談は努力が実りやすい。

――これから新しく始めるなら、落語よりも講談のほうがやりやすいはず、ということは以前からもおっしゃっていましたね。

**松之丞**　だから、どうしてもっとみんなやらないんだろう？　っていうのは、ずっと思っていますよ。食っていけるかどうかは別として、落語の実力って、8～9割は才能で決まると思うんです。もちろん稽古は必要ですけど、それだけではどうにもならない側面がある。だけど講談のほうは、ある程度、反復することで磨かれていくので、比較的努力の実りやすい芸能のような気がします。そういう意味で、入口としてはどんな人にも開かれているというか。とはいっても、ある地点から先は、やはり才能がものをい

う世界だとも思いますけどね。いずれにせよ、いま講談はチャンスしかない。しかも若い男性はまだまだ少ないですから、もっと入ってきてほしいです。

――講談師の数が講談界全体で100人を切っている状況の中で、この先も松之丞さんの肩にのしかかってくるものは大きいと思います。しかし、各種メディアで引っ張りだこの状態がある中で、寄席や独演会など高座を数えたら、減るどころか、増えてさえいるんじゃないですか。

**松之丞**　限界のレベルまできてますね。今日が何日で何曜日とか、わからないですから（笑）。講談界では僕がいま一番忙しいんじゃないかとは思います。もちろん数をこなせばいいものでもないし、量と質の考え方についてもいろいろと価値観があるでしょう。ただ、僕に関して言えば、いまはどんどん高座に上がったほうがいい時期だと思っています。その上で、数というのは一つの目安にはなる。（春風亭）一之輔師匠がもうすぐ年間1000席超えそうだとか、噂で聞いたりしますけど、本当にすごいなと思うんです。独演会で5夜連続でネタおろし（「一之輔五夜」）をやられたりとか。僕も考えていることを他の師匠がやられているのを見ると、その偉大さが実感としてわかりますよ。

## 客目線を意識することが、自分にとって一番の役割。

――また、ラジオやテレビで松之丞さんを知って、初め

**て生で見てみようという人のためにも、いまは高座は多いほうがいいですしね。**

**松之丞** ホント、寄席なんかは、初めていらっしゃるお客様のためにとてもいいと思うんです。満員で入場をお断りしなければならないような事態になることも、そうはないですし。少し前にも、新宿末廣亭のトリがうちの師匠の怪談話で、僕がクイツキに出たんです。平日なら夜7時以降は木戸銭が安くなり、1500円。そしたら、定席10日間のうちの3日、二階席が開いたんですよね。

**——二階席は、一階が満席にならないと開かないわけですけど、そうあることではないですからね。**

**松之丞** そうやって僕が呼び屋になることで、「ああ、松之丞もよかったけど、最後に出た神田松鯉って人がすごかったな」とか、「寄席って面白いな」となればいいと思うんです。そこは講談にかぎらず、寄席演芸全体の呼び屋にもなれればいいかなと。

**——常に客目線を意識している松之丞さんらしい考え方ですね。**

**松之丞** そこが僕の一番の役割じゃないかと思うんですよ。いま「最もチケットが取れない」なんて言われたりもしますけど、チケットを買っているのはほぼ常連さんですからね。もちろんそれはそれでありがたいことですけど、

衣装協力:YOHJI YAMAMOTO

「取れない」っていう煽りだけが先行して、「なんだ、取れないのか」みたいな感じになってしまうのはもったいない。そういう意味で、寄席はたとえ15分でも出ることに意味があるし、出たほうがいいなと思っています。

**――メディアへの出方も含めて、松之丞さんの動き方について、師匠と何かお話しされることはあるんですか。**

**松之丞**　改めてはないですね。ただ、「囃されたら踊れ」とは言ってくださっています。師弟なんだから、できるかぎり協力するとも。例えば僕のことで師匠にインタビューを受けていただくこともあったりしますし、本当にもう感謝しかないです。ことによっては、師匠に止められてしまうパターンだってあるわけですからね。でも、こんなふうに僕は自由にやらせていただいている。師匠選びで道が決まったな、という感じはあります。

## のし上がっていく現実を、目撃する興奮と面白さ。

**――松之丞さんの講談を聞いていると、例えば登場人物である中村仲蔵や『天保水滸伝』の笹川繁蔵の姿が、それを読んでいる松之丞さんと重なってくることがあります。これは逆も言えて、ここまで伺ってきたような芸人・神田松之丞の行動原理にも、どこか講談的なものを感じるんですよね。**

**松之丞**　ああ、そういう講談的な思考はしているかもしれない。きっと講談とニンがあっていたんでしょうね。例えば『畔倉重四郎』は人殺しの話ですけど、全然違和感なく畔倉に感情移入できたりしますし。すると、いまメディアに出たりして、のし上がっていくように見えるあたりは、『徳川天一坊』でしょうかね。

**――まさしく（笑）。悪人の天一坊が将軍のご落胤を騙って、幕府も欺きながら、まんまと権力の中枢に入っていこうとする、という。**

**松之丞**　こんなヤツをテレビに出してしまって、大丈夫か!? って（笑）。まあ、講談的思考で言えば、価値基準についても講談に置いているので、世間ですごく有名な人が相手でも何とも思わないでいる、というのはあるかもしれないですね。

**――そういう松之丞さんの快活さや蛮勇に興奮している**

ファンも多いと思いますよ。

**松之丞**　だから自分で言うのも何ですけど、わかりやすく人が化けていくとか、のし上がっていくみたいなことをリアルタイムで見る面白さはあると思うんです。さらに、そこで目標をバーンと掲げて実現していく、ということも続けているので、応援してやろうっていうふうにもなる。こういうのは、落語家さんとかがやると野暮の骨頂に見えてしまうんですけどね。

**――落語家の場合、「目標を掲げてがんばる」とか「成り上がっていく」という姿勢が、どうしたって反落語的なものに映ってしまいますからね。その点、講談の場合は、「ピカレスクロマンで野心も隠さず」みたいなことがピタッとはまる。**

**松之丞**　だから、落語ではなかったんでしょうね、僕は。講談を選んだというところに、非常に大きな意味がありました。

**――ここからは、いよいよ芸の探求という感じでしょうか。**

**松之丞**　そうですね。メディアにも慣れてきて、あまりストレスなく対応することができる。あとはもう芸をどうしていくか。自分でも楽しみなんですよね。前座の頃はすごく一生懸命に稽古していた。二ツ目も最初の頃はとても一生懸命にやっていて、でもここ2、3年、メディアとかの波があって、ありがたいことに講談に注目は集まるんですけど、芸のほうに集中する時間は削られてしまっていた。ここにきて足場固めはできてきたので、これでようやく、芸に戻ってこれるなと。講談のスポークスマンとして動いていた時間を稽古にあてられるようになれば、僕自身、伸びしろがあると思っていますから。

## 次世代につなげるための、体制がやっと整ってきた。

**――連続物の持ちネタも揃ってきたことで、公演のバリエーションもいろいろとできそうですね。**

**松之丞**　まさに2019年の1月、池袋の「あうるすぽっと」で『慶安太平記』全19席を5日間連続で2周読む、という公演をやる予定なんです。いずれはこういう通し公演を1カ月間にまで延ばして、ひと月丸々すべて連続物に費

やす、ということもやってみたいんですよ。

**——講談の連続物のパッケージって、サイドストーリーが絡んだり、スピンオフがあったりして、ネットフリックスでやっているような海外ドラマなんかにも近い。実は現代人と相性がいいと思うんですよ。**

**松之丞**　そういう講談の持っている可能性についてはもう、ホントいろんな方のお知恵を借りたいと思っています。そして、僕としては、うちの師匠とか、（神田）愛山先生とか、（神田）阿久鯉姉さんといった方たちについて、おこがましい言い方ですが、その魅力が多くの人に届くようにお膳立てをしたいと思うんです。特に阿久鯉姉さんは、いま50代前半で芸の脂が乗っていますし、連続物をすごく持っていらっしゃるので、姉さんの魅力がより広がることが、イコール講談の魅力が広がることかなと。

**——夏に出された著書『神田松之丞　講談入門』も版を重ねて好評のようですし、CDなどの音源もあったり、以前から宣言されていた初心者用のインフラも充実してきましたね。**

**松之丞**　CDについての大事な企画もいま準備中なんですよ。そういうところから一つ一つ整えていくことは、講談全体にとどまらず、文化的にも意義がありますからね。そして、あとはもう、自分の芸をいいふうに持っていくことを考えたいですね。

**——同時代を生きる講談師としての神田松之丞の今後が楽しみで仕方ないですよ。これでまだ二ツ目ですから、この先、何十年楽しませせくれるつもりなんだっていう。**

**松之丞**　ただ何十年あっても足りないですよね、本当に。講談という山のてっぺんは遥かに高くて、個人の力では生きているうちに辿り着くのが難しいような凄い山なんです。だから、十分な稽古時間をとって一つ一つの話と向き合い結果を出す。次の人間にそれをつなぐ。その体制がようやく整ってきた。ここから、だと思いますね。

ロング・インタビュー②（2019年7月）

# 柱に講談があれば、何も怖くない。

**2020年2月中席に真打昇進、六代目神田伯山を襲名する講談師・神田松之丞。新しい試みに挑戦しつつ、全速力で突き進むなか、その先に見えるものは。**

インタビュー&文・九龍ジョー　写真・橘 蓮二

**――このネタではこの体勢で決まる、みたいなことは考えているんですか。**

**松之丞**　歌舞伎の見得のようにあらかじめ決めているわけではないですね。そういう稽古もしていませんし。でも不思議なもので、やるうちに自然と固まってきますね。あとから写真や映像で見て、「あ、こんな感じなんだ」って気づかされることも多いですよ。

**――特に松之丞さんは身ぶりがダイナミックなので、写真で映えますね。**

**松之丞**　普通の講釈師よりも、大箱（大規模な会場）に向けた癖がついているのもあるかもしれないです。講談って、落語と同じでキャパ300人ぐらいがベストだと思うんですけど、先日も地方で独演会があって、「1100人？　ハァ～‼」って。

**――二ツ目の独演会で、1100人の集客（笑）**

**松之丞**　凄いことになっていますね。でも、ありがたい

ことです。その一方で、（神田）連雀亭（席数40人弱）とかでもいまだにやっているので、我ながらバランスは悪くないなと思ってます。

**――たしかに、その振り幅で出力の調整をする人は、講談にはいなかったでしょうね。**

**松之丞**　まだ僕が前座で、黒門町の本牧亭があった頃に、浅草演芸ホールでやるような大声をはりあげてやっていたら、お客さんが「うるさくて、聴いてられない」って。実際そうなんです。当時はまだ声の抑制や張扇を叩く音、マイクの使い方にもこだわりがなかったし。そこから、徐々に成長して、今では小屋に合わせて、大きいところ、小さいところ、それこそ京都の南座しかり、合わせますからね。そういう意味では、自分が思う以上に変わった講釈師になっているのかもしれないですね。

## カーテンコールも起きた、京都・南座での独演会。

**――5月の京都・南座での独演会は、やはり特別でしたか？**

**松之丞**　素人時代に何度か歌舞伎を観た場所ではありますし、思い入れは当然あります。あと、やってみて感じたんですが、芝居小屋と講談は相性がいいのかもしれない。特に、あの日の『中村仲蔵』はよかったと思います。

**――カーテンコールも起きましたしね。**

**松之丞**　あれは皆さん、優しかったですね（笑）

**――木ノ下歌舞伎主宰の木ノ下裕一さんが補綴で入っていましたが、それで磨かれた部分も？**

**松之丞**　台詞を時代背景に合わせて少し変えました。木ノ下さんのおかげで、細かい背景を知ることができたのはよかったですね。講談だと仲蔵が1回の工夫で新しい斧定九郎を作り上げますが、史実では3回ほど試して、その集大成としてああなったとか。その事実でネタが変わるわけではないですけど、知っていることで、自分がやる上での自信にはなりますね。

**――『怪談乳房榎』には、もう少し手が入っていたように感じました。**

**松之丞**　『乳房榎』はより補綴が効いてましたね。日本の四季を取り込むことで、蛍の美しさや残酷さも際立ちました。あと、おきせの胸がはだけている描写とか、滝を見ると乳房を連想させるとか、細かく描写を重ねていくことで「乳房」のモチーフがより活きるようになった。そうやって、みんなでネタを作り上げていくこともあるんだなと、つくづく思いましたね。

**――国立演芸場で「二ツ目時代」と銘打った独演会も始まりました。先日聴いた『お紺殺し』では、前日譚となる歌舞伎の『籠釣瓶花街酔醒』をダイジェスト的に冒頭に持ってきていましたね。映画的な構成の工夫が、松之丞さんらしかったです。**

**松之丞**　芝居の『籠釣瓶』について、どこまでお客さんが知識あるかはわからないですけど、あそこからつながっているんだよっていう見せ方のほうが効果的だろうと思ったんです。あの日は会全体で「廓」というテーマを設けていたので、初めて講談を聴く人でも何か感じていただけたんじゃないかなと。

**――初心者にも優しいそのエンタメ度の高さに、松之丞さんの二ツ目時代の仕上げを見た気がしました。真打になるとそこはまた変わるんでしょうか。**

**松之丞**　ネタ選びは変わってくるでしょうね。ただ、もともと素人時代にこれを読みたいなと思っていたネタは、もうほとんど持ってるなって。もちろんこれから真打に合わせて覚えるものもありますけど。

## 技術向上のために、ネタの幅を広げる。

**――いま持ちネタの数は？**

**松之丞**　１５０ぐらいです。ただ、いまあるネタも大事ですけど、あまり固めずにいろんなネタを覚えていこうかなと。ネタを増やすことが、技術の向上につながるんですよね。ある先生が言ってたんです。『太閤記』のどの読み物でもすぐ出せるかっていうと、忘れている箇所もある、と。でも、技術はすべて手に入れたねって。要は本気でやっていれば、たとえ忘れたとしても、その読み物の技術は身につくんですよ。だから僕も、現時点でお客さんの前で読むのは別として、自宅で軍談をすごく稽古したりしていると、その技術が他の読み物にも活きてくることもある。そういう意味でも、技術向上のために

2019年1月、〈あうるすぽっと〉で行われた『慶安太平記』完全通し公演の2日目。『秦式部』『戸村丹三郎』『宇都谷峠』の3席を読む。

ネタの幅を広げる必要はあると思います。そのことで自然と芸風も変わっていくんじゃないでしょうか。

**――「伯山」という名跡（みょうせき）に見合った芸風というのも念頭にあるのでしょうか。**

**松之丞**　正式に継いでから思うでしょうね。ひとつ言えるのは、先代は43年前に亡くなっているので、ほぼ誰も覚えていない。それから、『次郎長伝』で有名な三代目伯山も、小伯山から伯山になった時点では、がなりも強くて、それほどでもなかったらしいんですよ。もちろん、のちに上手くなっていくんですけど。つまり、立場が人を作っていったわけですよね。僕自身、講談は50代、60代の芸だと思っているので、長いスパンで見ています。だからまあ、30代のうちは威勢よく大きな声でやって、いっぱいネタ覚えてればいいやと。言ってみりゃ、仮免みたいな感じで何年かは進んでいくんだと思いますよ。

**――講談界にとっては大きな襲名になりますよね。**

**松之丞**　やはり名跡というのは、そのジャンルのものだと思うんです。なので、43年も眠らせちゃいけないというか。それは名跡を守っていた方も同じ思いでいてくださったみたいです。あとは、ウチの師匠が77（歳）ですから、自身でも言ってますけど、あと何年間、芸界にいられるかわからない中で、後ろ盾になれるうちに継がせようというのもあった。ほかの先生方とかも、一部反対するかなと思ったら、「よかったね」って後押ししてくれて。講談界全体で、新しい伯山を作り上げている感じがします。

**――「松之丞」の名前で売れているだけに、もったいないという声も？**

**松之丞**　そりゃ、自分でも思いますよ（笑）。ビジネス的に言えば、損ですからね。ただ、ホント100年以上前の講談社の創立の頃の速記本とかを見ても、伯山の名前が出てくるんですよ。常に講談の歴史とともにある名前である以上、いま講談を発信していくのに、必要な名前でもあると思います。

**――しかも、宗家の名なので、弟子筋の名跡もセットでついてくるとか。**

**松之丞**　そうなんです。弟子筋ではないものでも、桃川派の宗家の如燕だなんだって、様々な名跡が10名分以上、ついてくる。それらも誰かに継がせてあげてくださいって言われたので、これはもう、責任重大というか。その名跡をそれぞれ渡して、伯山も誰かに譲ったときに、自分の役割は終わるんだなって、ちょっとそこまで想像しましたね。だから頑張んなきゃなって。

## 真打になって、弟子をとるならば。

**――真打となれば、弟子もとれるようになりますが。**

**松之丞**　おそらく1年はとらないですね。手紙とかけっこう来てはいるんです。でも、客観的に見ても、いま私のところに来る奴は才能がない（笑）。ただ、「もし、とったら」の話ですが、いまってほとんど1人の師匠が1人の弟子に稽古する形なんですね。でも、基本的なことはその師匠が叩き込むとしても、その先は落語界みたいにいろんな人に習いに行くほうが、様々な面を吸収できていいと思うんです。それでも最後は師匠に似てくるっていう不思議さが、大事だなと。だから、僕の場合も、ウチの師匠や愛山先生、阿久鯉姉さんに頭を下げて、ちょっとこいつに教えていただけませんかってやるほうが、育て方としてはいいだろうなとは思っています。

**——実際にいま、弟弟子に松麻呂さん、妹弟子に鯉花さん、阿久鯉さんのところにも久之介さんなど、一門の前座が増えてますが、松之丞さんが気にかけたりすることは？**

**松之丞**　もちろん大事な後輩です。ただ基本的にアドバイスする先輩が好きじゃなかったんで。高座に関しては何も言わないですよ。その代わり、場数は増やしてやりたいっていうのはあります。松麻呂や鯉花は芸協（落語芸術協会）に入っているんでまだ機会があるんですけど、久之介に関して言うと、少し不利なんですね。なので僕は、後輩にただ場数を与える人で、いまはいいかなと。突然、自分の会で彼らに、今日フルで25分やってみて、とか急に振るんです。それはいつか寄席に入ることも想定して、対応力や度胸をつけておく、という訓練の意味もある。あとは、僕がお膳立てして、前座勉強会みたいなものもやっています。僕は挨拶だけの出演。それでも前座だけで会はできないので、意味があるかなと。僕みたいなめんどくさい先輩が聴いている緊張感のもとで、30分のネタを毎月、全力でやるっていうのは、経験として悪くないだろうなと。

**——相当いい先輩じゃないですか。**

**松之丞**　ただ、あまり手をかけすぎるのも違うし、ましてや僕の弟子ではないですからね。技術は彼らの師匠が教えるから、余計なことは言いません。その代わり、僕は、高座の高さや音のチェックとか、そういうことは叩き込んでますけどね。

**——むしろそこを教えてもらえるのは幸せだと思いますよ。**

**松之丞**　もちろん、色々なやり方はあるので、あくまで一例ですが。ただ、あいつらに僕のやり方を見せていれば、「兄さん、地方ではこういうやり方をするんだ」とか、ネタ帳一つとっても、「地方公演ではここ大事なのか」とか、そのへん気づいてくれるんじゃないかと思うんです。僕も独演会ぐらいじゃないと彼らを地方には連れていけないので、それができる時は、たとえ出番が5分でもいいから来てもらって、場慣れしてもらうようにしています。

## これから1月は、連続物公演の月に。

**――高座の見せ方もそうですが、松之丞さんの講談師としてのアウェイでの闘い方も、勉強になるでしょうね。**

**松之丞**　例えば、爆笑問題さんのタイタンライブに出ましたけど、講談がお笑いの中に入った時って、意外と目立つんですよ。『中村仲蔵』をやりましたけど、かっこよさという一点で成立する。これが落語だと、なまじ笑いで勝負しなきゃいけないから、キツイでしょう。そういう意味で、世間に与(くみ)しやすいジャンルだと思うんですよ、講談って。文化人ヅラしてりゃいいところもあるし(笑)

**――そのタイタンライブもそうでしたが、ライブビューイングとの相性もいいですね。**

**松之丞**　ご覧になりました?

**――はい、「銀幕の松之丞」をTOHOシネマズ六本木ヒルズで観ました。映画館で観る松之丞さんの講談、よかったですよ。**

**松之丞**　そう、映画館のほうがナマよりいいって人もいますね。あらかじめ台本を渡して、カメラワークを丁寧にしてもらったのもよかったのかな。カミさんが言ってたのは、寄席とかだと横にいる人の物音がうるさかったり、客席の環境に左右されるけど、映画館だと暗いし、音響もすごいから、一対一のダイレクトな感じで集中できるのがいいねって。

**――たしかに没入感ありましたね。**

**松之丞**　その場合、笑いよりも、ドラマチックな読み物のほうが映えるんじゃないですかね。そういう意味で、講談にとってライブビューイングは意外に悪くない選択だと思いました。今後も考えたいですね。

**――公演で言うと、年始めに『慶安太平記』の連続読み公演もありましたね。**

**松之丞**　これから1月は、毎年、連続物公演をやる月にしようと思っています。正直、拡散性がある公演ではないんですよ。毎日、同じお客さんが通ってくるわけですから。でも、一話一話、重ねていくことで、一見どうでもいいと思える箇所が伏線としてつながってくるっていうのが、連続物の魅力で。『慶安太平記』をやっていても、

『慶安太平記』完全通し公演全5日間のうちの4日目。『柴田三郎兵衛』『加藤市右衛門』『鉄誠道人』『旗揚げ前夜』を読み、クライマックスの楽日へ。

一見、これいらないんじゃない？ と思う場面が、後々すごく効いてきたりする。最後だって、（由井）正雪の死で終わらせればいいじゃないかとも思えるんですが、でも、一味の最期で終わるのに意味があるということが、連続で読むとわかるんですよ。つまり、この『慶安太平記』というのは、御家(おいえ)の話だったんだって。それを5日間かけることで初めて演者もお客さんも発見できた。稀有な体験でしたね。

**――来年の連続読みは『畔倉重四郎』になりそうですか。**

**松之丞** ええ、『畔倉』の予定です。連続で読むのは3年ぶりですね。連続物が大事だよって師匠から常々言われてきましたけど、その核の部分をひしひしと感じています。それを体現するためにも、毎年1月は大事な公演になりますね。

**――その一方で、コラボ企画では、その場かぎりの一代記を求められることも多いですよね。**

**松之丞** あれは、実はぜんぜん苦じゃないんです。キティちゃんの一代記も、2時間もかからずに覚えてますからね。まあ10分ぐらいの内容でしたけど、それで特別感を煽(あお)れるし、けっこういいんですよ。

**――TOKIOの番組（『TOKIOカケル』）でやった『城島茂伝』もよかったです。**

**松之丞** あれもすぐできたんです。漫才のボケツッコミみたいなもので、パッケージしやすいんですよね。だから、学校寄席なんかも、講談は子どもには難しい面もあるんですけど、そこで先生の一代記とかをやれば、興味を持ってもらえるのかもしれない。

**――事前にリサーチして（笑）**

**松之丞** 正直、担任の先生がどんな歩みをしてきたかなんて、まったく興味ないですけどね（笑）。まあ、ある意味、講談イコール歴史だと思ってもらっていいやっていうパッケージです。テレビだと、いまちょっと雑学を入れるほうが視聴率もよかったりするので、そこに古典講談のワクワクする面白さをまぶすといい感じになるということなんでしょう。けっこうニーズはあるみたいで、オファーもすごく多いです。ただ『ONE PIECE』の講談まで公式でやらせてもらった以上、もうそれで十分だろうと（笑）

**――あのYouTube動画もよかったですね。講談自体のプロモーションにもなっていたと思います。**

**松之丞**　あれ最初にサンプルを見せてもらった時点で、「もっと効果音ズバン！　とか、そういうアニメ的な演出を入れないの？」って思ったんですよ。でもフタを開けてみたら、逆にあまり演出してない感じがよかったのか、すごく反響があったんですよね。一般の人は、意外にこういうので驚いてくれるんだなって。

## そのメディアに合うか、座った瞬間にわかる。

**――松之丞さんの周りでも、成金世代の落語家たちが続々、真打になっていきますね。演芸界の同世代をどう見ていますか。**

**松之丞**　二ツ目ブームみたいなのは落ち着いて、人気は定着したんじゃないですかね。いいことだと思いますよ。

**――ただ、松之丞さんレベルまで突き抜けてくる人はいないですね。**

**松之丞**　人気は水物ですから、常に変わると思います。でも、そのブレイクスルーって、意外と高座だけでは難しくて、プラスアルファが必要なのかもしれない。僕の場合、それが完全にラジオだったんです。いま呼んでくれるメディア関係の人たちも、きっかけは「ラジオが好きだから」っていうのがほとんどですし。

**――ラジオは初めから、そういう位置づけだったんですか。**

**松之丞**　なんか1本目を収録した時点で、いけそうだなと思ったんですよね。他のメディアに出るときもそうなんですけど、向いている向いていないが、座った瞬間にわかるんです。ワイドショーのコメンテーターとか、全然向いてない(笑)。逆に、この間、『(人志松本の)すべらない話』に出ましたけど、楽しかったです。こう言ってはなんですけど、周りの芸人の方たちはけっこう緊張してるんです。でも僕はぜんぜん緊張しなくて。よく考えれば、彼らは会話の人だけど、僕らは、毎日どこかで一人喋りをしているんですよ。だから、ネタを言うだけじゃんっていう感覚なんです。これだったら、寄席演芸の人間は向いているぞ、っていうのは思いましたね。

——だからと言って、誰でも松之丞さんのように上手くやれるわけではないですね。

**松之丞**　僕も失敗は非常に多いですよ（笑）。でも、恥をかく時期なので、それもいいかなと思っています。

——地上波はこれからもどんどん出ていく感じですか。

**松之丞**　どうなんでしょう。太田さんとの番組（『太田松之丞』）も始まりましたけど、太田さんが気を遣ってくれるし、楽しくはありますよ。ただ、他にもオファーはあるんですけど、スケジュールの都合や、向いていないという理由でお断りはしていて。けっこういい案件でも平気で断ってますよ。向いていなさそうなことが多くて（笑）

## まだまだ自分の芸を、なんとかしなきゃいけない。

——真打になれば、またギアチェンジする局面もありそうですね。

**松之丞**　まあこれまでが、スケジュールを詰め込みすぎだったのもありましたから。今後はある程度、寄席を大事にしたり、稽古時間を増やしたりできればと。やはりそれが一番大事な仕事ではありますからね。これまでも、まったく時間のない中でネタおろしをしなきゃいけなかったりして、それを乗り切ってきたのは、いい経験にはなったと思います。これからはまあ、伯山になって、弟子をとって、30年後に講釈場を建てたいと言ってしまった手前、どう金をひっぱってくるかとか、そちらのプランに力を入れる必要も出てくるでしょう。でも、そうは言っても、まだまだ自分の芸をなんとかしなきゃいけない時期でもあるわけですけど。

——真打昇進もありつつ、半年後はまったく見えないのが正直なところでもあり（笑）

**松之丞**　ええ、そればっかりは（笑）。本来、演芸って半年やそこらで何かが大きく変わるものではないじゃないですか。でも、テレビやラジオ、イベントなんかでダイナミックな変化が起こって、それに合わせて状況もコロコロ変わっていく。でも柱に講談があれば、何も怖くないですよ。

# そもそも講談って、いったいどういうもの？

過去から現在にいたる講談の歴史を俯瞰しつつ、「講談と落語の違い」「どういうテーマが多い？」「連続物と一席物の違い」「どこに行けば聞ける？」といったQ&Aをイラストとともに解説。

文・長井好弘　イラスト・細川貂々

そもそも講談とは――。講談という芸を語ろうとするとき、どうしても堅苦しくて、偉そうな表現を使ってしまうのは、講談そのもののルーツにかかわりがあるからだろう。

昔々、戦国時代も終わりの頃、武士が主君の御前で、『将門記』や『平家物語』などの軍書を朗読し、解説する「講義」が広く行われた。徳川家康に『太平記』を講義した赤松法印は、その評判が広まって諸侯にも呼ばれ「太平記読み」と称せられた。

江戸時代に入ると、このスタイルが「講釈」と呼ばれ、浪人の大道芸と変じ、のちには庶民向けの演芸となった。「講談」という呼び名は明治に入ってからのものである。扱う題材は、中世以降の軍記文学を手始めに、説話集、中国古典、伝奇物語、大名家のお家騒動、江戸末期には世話物も加わった。

時代とともに読み物は変わっても、軍記物以来の特徴である、男性的発声、弾む調子、歯切れの良さ、難しい熟語の多い表現と、それらがもたらす緊張感や語感の美しさは、今も昔も変わらぬ講談の魅力である。

「今、落語家は900人以上、講談師はその一割の90人しかいないが、江戸の昔は講談師が800人いたといいます」と松之丞改め六代目神田伯山が高座で胸を張る。明治17年の『東京案内』には寄席が87軒あり、その大半が講談席だった。だが、講談の人気も日清・日露戦争期をピークに衰退の一途をたどる。

活動写真など新しい大衆娯楽の台頭に押され、明治末期には「こういう古い、工夫のない芸は衰えるのが当たり前」と娯楽雑誌に書かれている。そして大正12年の関東大震災で講談席が激減。以来、80年以上にわたって講談の低迷が続いたのだった。

## 長い眠りから目を覚まし、講談はどう変わるのか。

ただ、講談と講談師はそれでもこの世から消滅することはなかった。昭和43年、人気テレビ番組『お笑い三人組』で知られる一龍斎

## 講談と落語はどう違う？

両者の高座姿を見比べれば、違いは一目瞭然だ。どちらも着物姿で登場するが、落語家は座布団の上で江戸や明治大正の庶民生活を活写する。これに対して、講談師は前に釈台を置き、時々張扇で釈台を叩きながら、歴史上の物語を読む。語りの中身も特徴的で、落語は登場人物の面白い会話を楽しむが、講談はト書き部分の語りに独特の調子があり、ある時は格調高く、ある時は叙情的な言葉のリズムに引き込まれながら、物語を味わうのだ。

演目と演じ方にも、それぞれの違いがある。落語のネタは古い時代の話でも、細かな日時や人名はあいまいで、内容もほぼフィクションである。これに対して、講談は歴史上の事件・人物を題材にしたノンフィクションだ。ただ、講談の場合、史実を扱うとはいえ、演出や脚色は自由であり、「四実（史実）というから、真実が十のうち四つしかない。実六（実録）だったら、真実は六つだけ」などと講談師がうそぶく。ただ、両者の演目の中で、落語の人情噺と講談の世話物だけは区別がつきにくい。どちらも市井の人々の喜怒哀楽を描いた長編であり、演目も落語と講談で共通なものが多いのである。落語家が演じれば人情噺、講談師が読めば世話講談と納得するしかない。

## どういうテーマが多い？

軍談、時代物（御記録物）、世話物が講談の三大ジャンルだ。合戦場面を朗々と読む軍談は講談のルーツ。武家が主役の時代物は、金襖物とも呼ばれるお家騒動（『伊達騒動』）、武芸伝（『宮本武蔵』）、政談（『大岡政談・徳川天一坊』）、仇討物（『赤穂義士伝』）など。庶民の人情を描く世話物には、白浪物（『鼠小僧』）、世話（『天保六花撰』）、怪談（『四谷怪談』）、博徒・侠客を主人公とする三尺物（『清水次郎長』）がある。その他、信仰記、偉人の立志伝などもある。

## 前座・二ツ目・真打の違いは？

講談にも落語と同様、前座、二ツ目、真打の区別がある。前座時代は楽屋仕事をこなしながら、ひたすら修羅場を読んで講談口調を身につける。二ツ目になれば、一人前の扱いだ。寄席の雑用から解放され、羽織の着用も許される。寄席や講談会の出番は少ないが、稽古の時間はたっぷりだから、勉強会や地域寄席で腕を磨く。そして、入門から十数年たった頃、真打昇進の声がかかる。晴れて「先生」と呼ばれ、寄席や講談会でトリを取れるのである。

前座

二ツ目

真打

貞鳳が『講談師ただいま24人』を出版し、「24人」という数字が世間に衝撃を与えても、戦後たった一軒で「講談定席」の看板を守ってきた本牧亭が平成2年に閉場しても、女流講談全盛の中、男性入門者が激減し「講談って男もやるんですか?」と聞かれても、昭和、平成の講談師たちは日々、高座に上がり、張扇でパパンと釈台を叩きながら、「講釈師見てきたような嘘をつき」「冬は義士夏はお化けで飯を食い」でおなじみの芸を披露し続けた。

そして平成が終わり、令和となった現在、講談界は大きな胎動を感じている。六代目神田伯山という逸材を通して、世の中の人々が講談を再発見し始めている。長い眠りから覚めた講談は、これからどう変わるのか。「講談」という素敵な読み物の第2章が今、始まろうとしている。

## 連続物と一席物とは?

長編講談のことを、連続物という。かつて講釈場のトリを務める真打は皆、連続物を読んだ。十日や十五日連続は当たり前、入りが良ければ数カ月続くこともあった。一席物はその名の通り、その日の高座で完結する読み物のこと。本来は連続講談だが、今ではその部分だけしか演じられないという演目も一席物と呼ぶ。我々が今聞く講談の大半が一席物だが、神田松鯉一門などの奮闘で、連続講談の通し上演を聞くことも夢ではなくなった。

## どこに行けば聞ける?

演芸情報誌『東京かわら版』やSNSなどを見れば、毎日どこかで講談をやっていることがわかる。初心者には、まず「講談師も出演する普通の寄席」に行くことを勧めたい。講談師は落語家と競演する際、いつもより「わかりやすく、面白く」を心がけるからだ。そうやって「講談という芸」に慣れたら、講談専門の会に挑戦だ。寄席で見ていたのは、「講談」という大きな家の玄関口で、奥の座敷にはより深く、より豊かな世界が広がっているのだ。

# 当世講談事情を、わかりやすい系図で把握。

**講談界にはどのような団体があり、どんな講談師が所属しているのか。東京で活躍する講談師の系図をもとに、それぞれの派の特徴を記す。**

文・長井好弘

　戦国時代は大名の前で軍書を講じた昔から「先生」と呼ばれ続けてきた講談師は、他の演芸家とは比べ物にならぬほどの矜持と美学を持つ。皆、「私の芸が誰よりも優れている」と思っているのだ。だから、講談師がいったんもめると、大変だ。大物同士が「俺が正しい！」と持論を曲げず、ついには団体の分裂を招く。昭和の戦後以降だけを見ても、東京の講談界が一つにまとまっていた時期は本当に短い。

## 東京に2つ、大阪に3つ、講談界にある5つの団体。

　東西合わせて講談師は90人弱、1000人を超そうかという落語家の十分の一ほどの小世帯が、現在も東京に2つ、大阪に3つと、5団体に分かれている。もっとも、始終喧嘩をしているわけではなく、所属団体の枠を超えて競演する若手中堅は少なくない。

　東京の現役中心に作った系図を見ながら、各派を見ていこう。

　日本講談協会は、二代目神田山陽の門人で構成されている。神田派の開祖は幕末に活躍した初代神田伯龍。自らの師匠・神田邊羅坊寿観の上の二字を取って「神田」を名乗った。同門の田邊南鶴は神の次の二字を姓として「田邊派」を興している。現在の神田派の特徴は連続講談から端物まで、二代目山陽の豊富な持ちネタを継承していることと、山陽が育てた女流講談をより広めていることだ。

　講談協会には、一龍斎、宝井、田辺、神田、桃川の五派がおり、これら5つが現在ある亭号のすべてだという。

　伊東燕尾、松林伯圓、正流斎南窓、放牛舎桃林、小金井芦州、邑井吉瓶……。講談最盛期と言われる明治20年代の名人上手を見ても多くの亭号があるのがわかる。だが、長い低迷期の間に系統が絶え、そんな亭号があったことすら忘れられてしまったものも多い。

　一龍斎は、名人上手を輩出してきた名門だ。名前に「貞」の字がつくので、「貞の字畑」と呼ばれる。格調の高い芸で名人の名を恣にした錦城斎典山、名調子の『赤穂義士伝』で知られる六代目貞山、洒脱な芸の五代目貞丈、現在は人間国宝・貞水が睨みを利かせている。

　宝井派には五代目馬琴という大物がいた。威風堂々、骨太の芸。『寛永三馬術・曲垣と度々平』などで大衆の支持を得た。宝井の芸

## 東京

### 日本講談協会

1973年、講談協会と袂を分かった二代目神田山陽が設立。80年の講談界統一により、二代目山陽は講談協会に復帰し、84年からは同会会長を務めるが、1991年、講談協会が再分裂して、二代目山陽は一門をひきつれ再度、日本講談協会を興した。これ以降、東京の講談界は、講談協会と日本講談協会の二団体が分立し、現在に至る。同会所属の講談師は、二代目山陽の門人のみ。2000年に二代目山陽が没した後は、高弟が順番で会長を務めている。現在は、神田松鯉名誉会長、神田紅会長という体制で、真打15名、二ツ目3名、前座6名。六代目神田伯山のブレイクによる観客増と、待望の男性入門者の出現が明るい話題だ。

### 講談協会

1968年8月、会長五代目宝井馬琴、事務局長二代目神田山陽という体制で設立。73年5月、天のゆうづるの「ポルノ講談騒動」が原因で、解散。講談組合と日本講談協会と、両団体に参加しないフリーに分裂する。その後も脱退や新団体設立などが続いたが、80年に再び講談協会が設立され、講談界の再合同が実現する。91年、二代目神田山陽が会長選出の選挙方法に異議を唱え脱会、日本講談協会を設立した。現在は人間国宝一龍斎貞水を会長に、一龍斎、宝井、田辺、神田、桃川を名乗る講談師が所属している。真打32名、二ツ目7名、前座5名。2019年10月に宝井琴柑が五代目宝井琴鶴を襲名して真打昇進。

## 大阪

### なみはや講談協会

2017年、上方講談協会を脱会した故三代目旭堂南陵門下の旭堂南鱗、南北、南華、南海、南湖らが設立した。会長は南鱗。左南陵は会友。「三代目南陵の講談と遺志の継承」をうたい、「純然たる親睦団体」として活動している。同会の設立により、上方講談界は、講談師の総数が30人に満たず、そのすべてが三代目旭堂南陵に連なる「同門」であるにもかかわらず、三団体が分立するという事態となった。

### 大阪講談協会

2008年に四代目旭堂南陵が設立。四代目の門人のみで構成される。四代目南陵は、京都講談の系譜が途絶えていることから「大阪講談」の呼称を用い、明治期の大阪の講談速記本を元に大阪弁を生かした語り口で、神道講釈など、大阪独自の演目の復活に力を注いでいる。また、月1回の一門会、元旦と5月5日に行う生國魂神社での講談会を中心に活動。講談普及のため、アマチュア講談塾を毎週、開催している。

### 上方講談協会

1949年、二代目旭堂南陵が設立。「上方講談の継承と次代を担う講談師の育成」をモットーに、二代目亡き後も三代目南陵が奮闘。現在は三代目直弟子の南左衛門が会長を務めているが、17年に他の三代目門人が大挙脱会したため、所属会員は旭堂南左衛門一門(17名)のみとなった。18年11月、南青が「旭堂南龍」を襲名し、上方講談では27年ぶりの真打に昇進。17年に名古屋支部を設け、中京地区での講談師の育成を始めた。また、令和元年で創立70年となり、10月6日大阪の中央電気倶楽部で記念講談会を開催した。

＝五代目馬琴の芸と言えるほどの影響力を持っていた。
　田辺派の祖は、前述の南鶴。だが、現在は田辺といえば「ひげの一鶴」のイメージが定着。『東京オリンピック』などの新作で売れた異才の薫陶を受け、一門は新作派あり、古典派あり、ユニークな人材が集まった。
　講談協会の神田派は、日本講談協会から分かれたものだが、二代目山陽の芸を踏襲する芸の中身はかわらない。
　桃川派は、一旦途絶えた亭号を、鶴女が復活させたものである。

【神田】

三代目 神田松鯉
- 三代目 神田山陽
- 神田鯉風
- 神田山吹
- 神田阿久鯉 ― 神田久之介
- 神田鯉栄
- 松之丞改め 六代目 神田伯山
- 神田松麻呂
- 神田鯉花

【一龍斎】

一龍斎貞丈（六代目・故人）
- 一龍斎貞花 ― 一龍斎貞弥
- 一龍斎貞心
  - 一龍斎貞寿
  - 一龍斎貞奈
  - 一龍斎貞司

一龍斎貞水
- 一龍斎春水
- 一龍斎貞友
- 一龍斎貞橘

一龍斎貞山 ― 一龍斎貞鏡

日本講談協会
講談協会
名前の文字の大きさは、真打・二ツ目・前座の違いを表す。黒文字は男性、赤文字は女性を表す。

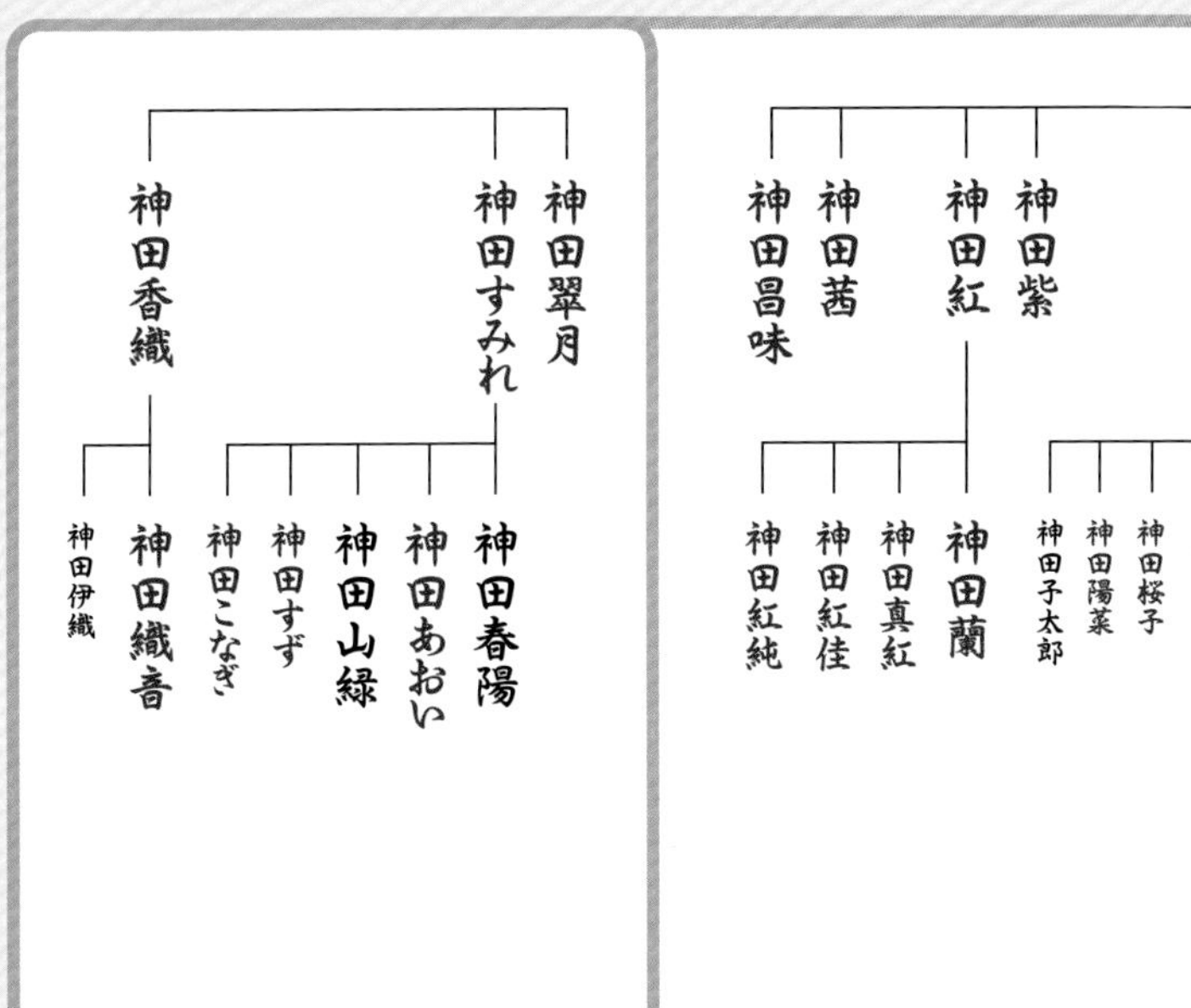


日向ひまわり（落語芸術協会）

【宝井】

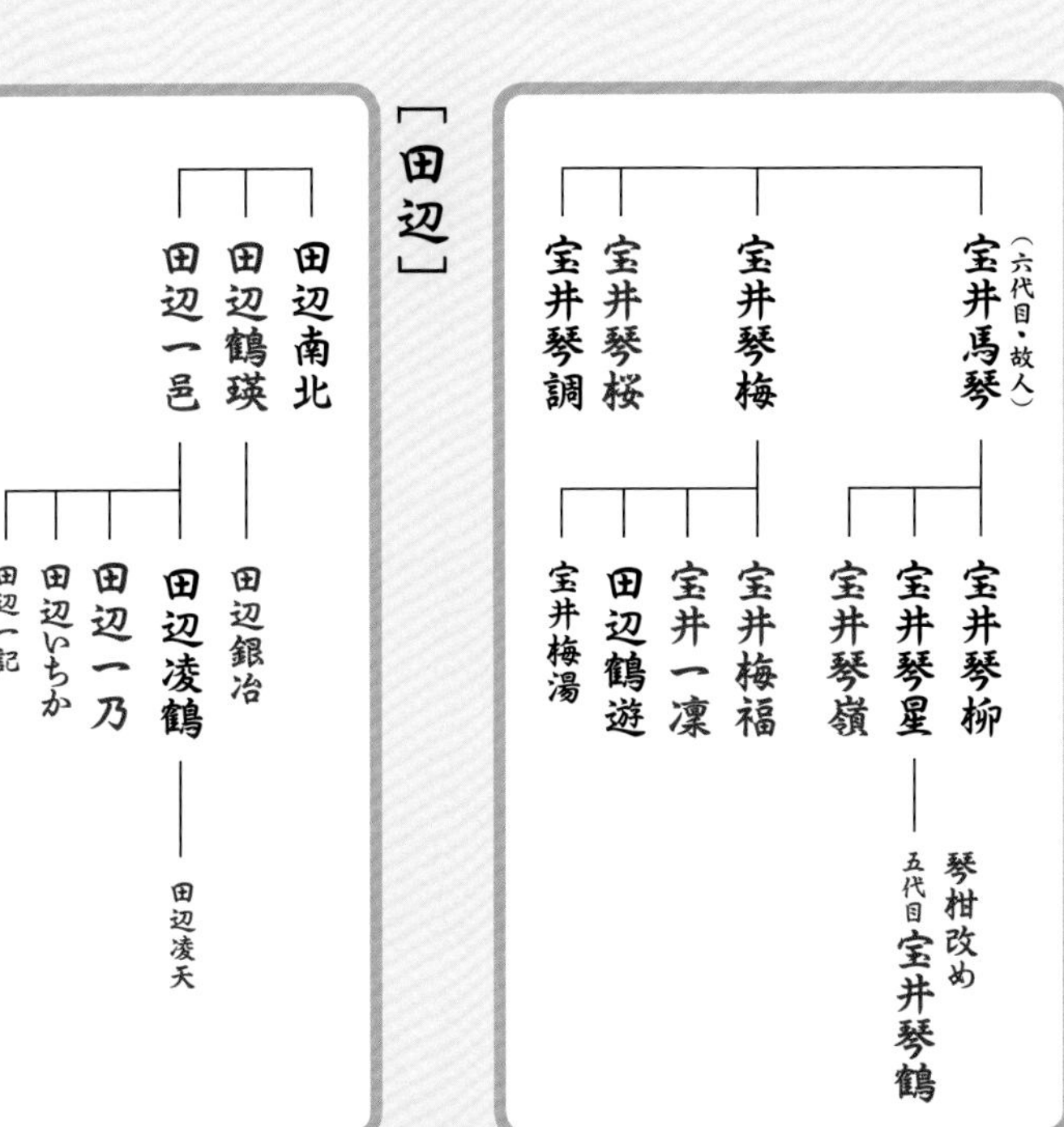


【田辺】

【桃川】

桃川鶴女

田ノ中星之助

講談師 神田松鯉

# 松之丞なりの神田伯山を。

語り・神田松鯉　構成&文・編集部　写真・橘 蓮二

真打昇進と六代目神田伯山襲名が決まって、松之丞は意気軒昂ですよ。ますますやる気が出ているんじゃないですか。伸びる時、成長する時、人気が出る時は、一気呵成にガッと大きくなる。一気に駆け上がるんですよ。みんなそうです。

これからは、もう無理にやらせることはないですね。本人の了見次第です。押し付けるのは嫌だから、やりたければやればいい。真打になると、私は何にも言わなくなるんですよ。ケツをひっぱたかなくなる。真打というのは自立したひとりの芸人ですから、それ以上は言う必要ない。あとは自分で考えて、開拓していけばいい。

真打になったら弟子も取れるし、自分の芸というものを、自分で作り上げていかないといけない。私の真似をすることは一切必要ないし、自分流のものを作っていけばいい。あまり教えすぎると、師匠を超える弟子は育たないという言葉があります。師匠の芸風の中で固まってしまい、弟子が本来持っている個性が潰されてしまう。師匠の真似だけをしている人は「弟子は師の半芸に至らず」といって、小型の師匠になってしまう。だから教えすぎちゃダメだってね。ただし、師匠の教えのもと、自分のものをきちんと出すことができれば、半芸どころか師匠を凌駕することもある。

私の師匠（二代目神田山陽）は、ほかの先生方に比べると放任に近かった。だから弟子もみんな芸風が違います。それがうちの一門の伝統でもある。自分の芸風を押し付けない。一門によってはみんな師匠と同じ芸風のところもあるし、いい悪いではないけれど、うちは自由に育てるやり方ですね。あとは、お客さまが判断すればいい。

**Shori Kanda**

●1942年群馬県生まれ。本名、渡邊孝夫。61年芸界入り。新劇や歌舞伎役者を経て、70年、二代目神田山陽に入門、神田陽之介を名乗る。73年、二ツ目に昇進し、名を神田小山陽に改める。77年真打昇進。92年に三代目神田松鯉を襲名。2019年人間国宝に認定。

六代目神田伯山襲名について思うことは、松之丞なりの伯山を作ればいいということですな。こうなってほしいというのは、特にない。神田伯山という大名跡に恥ずかしくない、自分の思うような伯山像を作り上げればいい。そういう力は松之丞にありますから。まだ若いし時間があるので、本人の思うような伯山ができあがるんじゃないですかね。歳をとって襲名した人は、できることが少ないけれど、若くして大名跡を襲名したということは、神田伯山の名前で、あと40年も50年も生きられるわけだから。

こういう大名跡を継ぐのは、ある程度の年齢になってからが圧倒的に多いんですよ。ただ松之丞は、これだけ勢いがあって人気もあるから、今が継がせるチャンスだと思ってね。それで松之丞に継がせたいという話を、伯山の名跡の持ち主のところにもっていきました。最終的には、松之丞自身が持ち主に会って話が決まりました。交渉力もあるんですよ。

松之丞には、自由にやっていいと言っています。人気もやる気もあって、連続物が大事だという私の考えを受け継いでくれているから、安心して任せられます。連続物が私の講談に対する一つの重要なポイントなので、そこをしっかりやっているいる点が、いいじゃないですか。連続物の時代じゃないという認識が長かったですからね。それに対する反発というか、連続物を大事に育ててきた自負が、私にはあります。その思いを松之丞がわかってくれているのがうれしい。

連続物が大事にされなくなっていた理由ですか？　どうですかね。私が若い頃には、すでに講談の語りが笑いの一席物みたいになっていて、連綿と語り継いでいく連続物を世の中が重要視しなくなっていたんですよ。それが松之丞が出てきて、改めて連続物が見直された。私だってずっと連続物をやってきたけれど、当時の世間は、いまの松之丞が認められているようには認めてくれなかった。同じ連続物をやっていてもね。でも松之丞は世間に「連続物は面白い」って食いつかせた。なにかそういうものを持っているんでしょうな。連続物の時代じゃない時に、私は師匠に連続物を教えてほしいと頼みました。でも、師匠が「もうそんな時代じゃないから、代わりに面白い一席物をたくさん教える」と言うのを、無理して私は連続物を教わってきた。逆に松之丞は幸せだよね。自分の師匠が連続物を大事にやってきたわけだから。

連続物にはダレ場（起伏がなく展開に乏しい場面）が付きものです。そのダレ場を聴かせるのは、腕がいるんですよ。いいところは、腕がなくてもお客さまが付いてくる。物語の面白さだね。ダレ場というのは面白くもなんともない。だからダレ場っていうわけですから。そこに食いつかせるのは、腕なんですよ。ダレ場を聴かせるのが腕なんだってことを、私は師匠から教わりました。その代わり聴いてくださるようにやるのは、いろいろと大変なんですよ。松之丞はダレ場を面白く聴かせられる腕がある。達者ですよ、間違いなく。

講談師の才能には、天性が大きな比重を占めると思います。あとは努力とね。世に出ていく人はそういうものを持っているんですな。持っている人がスターになるのかもしれません。たまたま運が良くてスターに、というのはあまりない。とくに伝統芸能の世界でスターになった人は、そういうものを持っているからこそ、なったんじゃないでしょうかね。

松之丞がメディアに出るのも、講談界のプラスになるのであれば、とてもいいことだと思っています。呼び水になりますからね。講談界のマイナスになったらまずいけど、こちらも本人がどうやるかはきちんと見ていますから。マイナスになるようだったら注意するけれど、今のところプラスになっていて、とてもいい効果を講談界全体に及ぼしているからね。

松之丞が出てきてから、他の講談師の会でも満席になることが多いとよく耳にします。それって松之丞効果なんですよ。当人だけじゃなくて、講談界全体に注目がいくようになった。いままで世間では講談って知られていなかったでしょ。松之丞はそれを知らしめてくれた功労者ですよ。でも、もっともっと講談界のために働いてもらいたいですな。落語の世界では、このクラスの人気者が何人もいるでしょ。だから落語ブームが来た。いま、松之丞は孤軍奮闘だからね。あと2、3人このクラスの人気者が出てきたら、まさに講談ブームになりますよ。そうなったら本当に安心できますね。

松之丞がいずれ講釈場を作りたいと言ってますけど、みんな一度はそういう夢を持つんですよ。私も持ってましたね。それってすごく自然な気持ちなんです。ただ、松之丞が出るとお客さまは入るだろうけど、他の人が出た場合にお客さまが入るかどうかって問題もある。松之丞が毎日出てりゃ入るだろうけれども、そうすると食い詰めちゃう。要は経済が成り立つかどうかですよ。そこが解決すれば、将来講釈場ができるかもしれない。

いまはとにかく本人の身体が心配ですね。ほとんど休みがないでしょう。若くて体力があっても、あまり無理するとね、あとで響いてくるから。最近は口癖のように、身体に気を付けて、と言うようになりましたね。

# 「神田伯山」について私が知っている二、三の事柄。

文・長井好弘（演芸評論家）

Yoshihiro Nagai

●1955年東京都生まれ。読売新聞記者、都民寄席実行委員長、浅草芸能大賞専門審査員。落語、講談、浪曲等、諸演芸に関する著書、編著多数。

２０１９年12月2日、東京・浅草ビューホテルで開かれた、松之丞改め六代目神田伯山の真打昇進襲名披露記者会見は、祝福と激励と温かな笑いと少しの毒に包まれた、これから世の中に打って出る（すでにかなり「出ている」が）気鋭の講談師の門出にふさわしいものだった。

壇上、ほぼ中央に座った新伯山（以下、「伯山」と表記）は、「２０２０年の（市川）團十郎襲名にはかなわない」「今年はくたくた。僕のキャパシティを超えている」「『改名は損だ』という声もあるが、（春風亭）昇太会長に『メディアに出ているときに変えるのがベストだ』といわれた」など、いかにも彼らしい自虐と不敵の両面を持つ視点で、伯山を名乗る我が身の「今」を語った。

伯山の言葉の中で強く印象に残ったのは、寄席のめくり（演者の名前を書いた紙や板）を書く橘流寄席文字の人々の声だ。「生きているうちに『伯山』の字を書けるのがうれしい！」

寄席演芸に携わる者にとって、「名人」とかかわる喜びは計り知れない。44年ぶりに復活する「伯山」の名を、「客の入りがぐんぐん伸びますように」という願いがこめられた、あの独特の右肩上がりの文字で書く。これぞ「寄席の職人」の心意気である。そして、前座時代の伯山が今はなき講談定席「本牧亭」の楽屋で「伯山」と書かれた古いめくりを見つけ、「ジー

## ・神田伯山代々の一覧・

| 神田伯山 | 本名（生没年） | 名前の変遷 | 十八番 | 特徴 |
|---|---|---|---|---|
| 初代（〜1873） | 斎藤定吉（生年不詳〜1873） | 神田伯山 | 『徳川天一坊』 | 神田派を開いた神田伯龍の弟子。師匠を凌ぐほどの巨星となり、神田派のトップと称される。 |
| 二代目（1870〜1904） | 玉川金次郎（1843〜1921） | 神田伯勇<br>→小伯山<br>→伯山<br>→松鯉 | 『水滸伝』<br>『徳川天一坊』<br>『越後伝吉』など | 28歳で二代目伯山を襲名。60歳を過ぎて弟子の小伯山に三代目を譲り、初代神田松鯉を名乗る。 |
| 三代目（1904〜1932） | 岸田福松（1872〜1932） | 神田松山<br>→小伯山<br>→伯山 | 『清水次郎長伝』 | 人呼んで「次郎長伯山」。三尺物（侠客伝）の第一人者であり、寄席でトリをとれば超満員だった。 |
| 四代目（空位） | ― | ― | ― | 五代目が兄弟子の二代目神田松鯉（三代目伯山の息子）に敬意を表して、四代目を空位とした。 |
| 五代目（1957〜1976） | 岡田秀章（1898〜1976） | 桃川若秀<br>→小金井桜洲<br>→神田五山<br>→桃川如燕<br>→神田五山<br>→伯山 | 『大菩薩峠』<br>『村井長庵』<br>『吉原百人斬り』<br>『天保六花撰』など | わが道を行く個性派だったが、芸は一級品であり、そのいぶし銀の芸は、立川談志も礼賛した。 |
| 六代目（2020〜） | 古舘克彦（1983〜） | 神田松之丞<br>→伯山 | 『慶安太平記』<br>『畔倉重四郎』 | 三代目神田松鯉を師匠とする。圧倒的人気と動員力を誇り、44年ぶりに神田伯山の名跡を継いだ。 |

ンとなった」逸話も、熱心な「松之丞ファン」ならご存知のはずだ。

講談界に大きな大きな名跡が戻ってきた。祝福と期待の声はとどまるところを知らないが、「伯山襲名」には、その発端から今日まで、変わらぬ問題が残っている。それは――。

「誰も伯山を知らない！」

ということである。

伯山の生の高座を知る者は、ほとんどいない。講談に関する資料や音源が極端に少ない。もちろん、代々の伯山の芸に触れた文献も少ない。だから、かなりの演芸通でも伯山の全体像をつかみきれない。まだ寄席見物にまでたどり着いていない若いファンにいたっては、「伯山」の読み方すら知らないのではないかといっても冗談にはならないだろう。

伯山と、その周りにいる人々の第一の使命は、それぞれの立場で「伯山とは何か」を明らかにすることなのだと思う。

代々の伯山について、僕も数少ない文献と明治大正昭和の古い新聞記事を探りながら、何度も繰り返し紹介してきた。どこまで「リアル伯山」に迫ることができているのか。力不足で伝えきれない部分があるのを承知で、もう一度、おさらいをしてみたい。

前ページの表は、これまでの僕の文章などをもとに編集部がこしらえた「伯山代々の一覧表」である。

まず見てほしいのは「十八番」の項目だ。「伯山は天一坊で蔵を立て」の初代、『水滸伝』もすごいが、「この人も天一坊で蔵を立てたのではないか」と噂された二代目（神田松鯉の初代だ！）、「次郎長伯山」と呼ばれた三代目と、いずれも文句なしの「十八番」を持っていた。

二代目は二十歳代で、三代目は三十歳代前半で伯山になっている。明治、大正という時代であることを考慮しても、ずいぶんと若い襲名であることに変わりはない。初代という怪物がいたとはいえ、この時代の「伯山」は「名人が名乗る大名跡」というより、名人への道を歩む「麒麟児」への期待をこめた名跡だったのではないか。そして、三代目が『清水次郎長伝』で一世を風靡したことで、「伯山＝名人」が定着したのである。

この人が出演すると周囲八丁四方の寄席で閑古鳥が鳴くという寄席用語の「八丁あらし」は、三代目のための言葉だったという。

三代目については、何枚かの古いSPレコードと、それらを復刻したCDで、その芸の片鱗を知ることができる。長くて十数分、短ければ七分弱という頼りない分量で、録音状態もいいとはいえないのだが、次郎長の啖呵の一場面を聞くだけでも、「他の演者とはモノが違う」とわかっていただけると思う。俠客の声音と弁説にあれだけのパワーをこめられる講談師は、この人以外にはいないだろう。

初代〜三代目の後、襲名までに25年の間隔があるので、五代目だけはやや毛色が違う感じを受ける。「十八番」と目されるネタは数多く、この他にも、お家芸である『次郎長伝』の重厚さと迫力も捨てがたい。数々の奇行や奔放な言動なども異色だったが、「変わったところもあったのは事実だが、文句なしに名人芸であった。晩年の約十年間、芸に於いて拮抗しうるのはわづかに宝井馬琴のみであったといっても、過言ではあるまい」という専門誌『講談研究』の田邉孝治編集長のシンプルな論評で、五代目の力量を知ることができる。

ここまで登場した四人の伯山を知ったうえで、僕は「神田伯山は名人の系譜であり、代々の伯山に外れはない」という、のっぴきならない結論に達した。

そして当代、六代目伯山の登場だ。36歳での襲名は、平均寿命などを考えれば、二代目、三代目の若い襲名と重みは変わらないだろう。伯山はまぎれもなく「名人の系譜」であるが、44年の空白の後、新時代の「麒麟児」の元へその名が受け継がれたと考えるべきではないか。

「名前を変えるのは損」というのは、現時点での人気を考えれば、そのとおりである。だからこそ、伯山も記者会見でそのことに触れ、前向きな姿勢を示したのだろう。この「損」を「得」(という言い方でいいのかどうか)に変えるのは、彼の今後の生き方であり、精進であり、戦略でもある。人間国宝に認定されて新たな活力を得た師匠神田松鯉や、近年評価がさらに高まっている実力派の姉弟子・神田阿久鯉らの一門、ひいては講談界全体の助力も必要となる。復活した「伯山」を盛り立てることが、講談の隆盛につながるのは間違いのないことだ。

前掲表の「十八番」の項目に演目名を記すのは、現時点では意味がないかもしれない。彼は今、師匠松鯉の元で、お家芸の『徳川天一坊』を仕込んでいる最中であり、おそらく近い将来、三代目の『清水次郎長伝』全編にも手を伸ばすことだろう。もしかしたら、代々のお家芸をすべて受け継ぎ、彼なりの工夫を加えて「新・お家芸」を作ってくれるかもしれない——。客席からの期待は膨らむばかりだ。

「師匠松鯉の数多いネタを、師匠が元気なうちにできるだけ受け継ぎたい。それが一番の仕事でしょう。それと同時に、講談を広めていく、宣伝部長という役目もあります」

伯山は記者会見で語った。彼はわかっているのだ。今は「動く伯山」であり、20年後、30年後には講談の本丸に座る「名人伯山」になる。それこそが、彼が講談という長い道の眼前に見据え、また、はるか先に望んでいるものに違いない。

# 神田松之丞とその時代

文・九龍ジョー

2018年10月執筆

**Joe Kowloon**

●1976年東京都生まれ。ライター、コラムニスト、編集者。著書に『メモリースティック』(DU BOOKS)など。『文學界』でのエッセイ連載「若き藝能者たち」ほか、さまざまな媒体で原稿を執筆。編集を手がけた書籍・雑誌も多数。

神田松之丞は突然変異の人(ミュータント)ではない。釈台を挟み、観客と一人で対峙する。そのとき、彼を講談師たらしめているのは、辻講釈に始まる数百年の歴史というタテ軸と、師弟、一門、協会といった関係性のヨコ軸の交錯である。なかでも師弟関係は、彼の存在を支える最大の根拠となる。師匠・神田松鯉あってこその松之丞の働き、でもあるのだ。

いっとう最初にそのことを踏まえつつ、現在進行形である神田松之丞の快進撃と、それをとりまく時代背景を見ていきたい。

松之丞がこの世界を志した原点の一つに、故・立川談志の存在がある。

言うまでもなく、談志は落語界の巨星であった。談志の著書『現代落語論』に感化されて落語家を志した人間は、有名無名問わず数知れないだろう。その一方で、談志の導きがきっかけとなり、講談に、あるいは浪曲に身を投じたという若者も、ちらほらといるのだ。

ミュージカル映画や歌謡曲、手塚漫画ほか数多の娯楽・芸能を愛した談志だったが、とりわけ寄席演芸については、当時まだ存命だった明治の息吹を残す芸人たちの魅力を滔々と説き、自身も講談や浪曲由来のネタを好んで高座に掛けた。

談志はそのキャリアを通じて、落語にとどまらず、寄席演芸全般の水先案内人の役割も果たしていたのである。

談志はまた、『現代落語論』における「伝統を現代に」、あるいは続く『あなたも落語家になれる「現代落語論」其二』における「人間の業の肯定」といったフレーズに象徴されるように、落語という話芸に「現代人のリアリティに耐えうる強度」を吹き込んだ。

談志のこの変革がなければ、落語はとうに大衆芸能の地位を失い、高尚な伝統芸能として保護されるべき対象となっていたかもしれない。

平成年間に何度か起こったとされる「落語ブーム」は、この談志の変革の影響下にあったといっても過言ではない。「古くてありがたいもの」だけでは、人気は続かない。気づけば落語には、「面白く、かつ現代人の心を打つもの」という要素が具わっていたのである。

## 平成末期の情報環境が生んだ、実力派「二ツ目」たちの台頭。

松之丞がいま自らのネタに施している工夫も、この談志の変革に通じるところがある。客を呼ばねば、大衆芸能としての命脈が絶たれてしまう。何より松之丞の講談は現代人の心を打つ。

ただ、松之丞自身は、究極的には、「現代の観客にウケるかどうか」とは別の次元に、講談という芸の凄みを見ている気がする。おそらくそのズレは、晩年の談志が「江戸の風」ということを言わねばならなかった屈託にも似ている。

それでも松之丞がよいのは、まだ二ツ目だということだ。いまはまだ、これでいい。講談のスポークスマンとなり、落語ファンを、尖ったモノ好きの若者を、人気者が大好きな世間を、全力で振り向かせる。その上で、講談を目指す者の絶対数を増やす。そのことを最優先に置くべきなのだ。

そんな松之丞を待っていたかのように、平成も終わりに入り、落語界に新しい潮流が起こる。

何度目かの「落語ブーム」と言われる。たしかに充実した芸で人気を博し、メディアでも引っ張りだこの真打落語家は何人もいるし、落語自体がエンタメコンテンツの題材になることも少なくない。

ただ、いま起きている「ブーム」には、もう少し具体的なタネがあるように思えるのだ。近年、落語がメディアで取り上げられるときの切り口を逐一、検討してみるならば、こうも言えるのではないか。「二ツ目ブーム」と。

他ならぬ松之丞が、講談師という肩書きにもかかわらず、この二ツ目ブームを牽引している。

若者の街である渋谷で、サンキュータツオのキュレーションのもと、若手真打や二ツ目を中心にした番組編成をする「渋谷らくご」（通称「シブラク」）が、演芸界に新しい観客層をもたらしている。2015年5月、松之丞はそのシブラクで、初めて二ツ目としてトリをとった。

松之丞もメンバーである落語芸術協会の二ツ目落語家によるユニット「成金」もまた、二ツ目の意味を少し変えた。あるいは、更新したという言い方もできるかもしれない。

改めて顔ぶれを見てみよう。香盤順に、柳亭小痴楽、昔昔亭A太郎、瀧川鯉八、桂伸三、三遊亭小笑、春風亭昇々、笑福亭羽光、桂宮治、神田松之丞、春風亭柳若、春風亭昇也。

ブログやSNS、動画配信など個人単位での情報発信が、かつてなく容易になった時代だ。それらのツールはまずもって宣伝告知に使われるようになる。が、それ以上に重要な作用がある。「バックステージの可視化」だ。

移動中や楽屋、打ち上げでの写真画像一枚が、雄弁に語る。松之丞が高座でまとう孤独の匂いや根源的な暗さはご存じのとおりだが、そんなニヒルな男が仲間に囲まれ、いじられ、はにかんでみせる素の表情に、ファンは魅了されてしまう。

画像だけではない。マクラにラジオにブログにタイムライン。ファンは各人の性格や嗜好、関係性などを、オンライン／オフラインを問わずにちりばめられた断片から読みとり、思い思いに物語を組み立てて楽しむようになる。これは、現代のアイドルが総じて「グループアイドル」になっていったプロセスとも似ている。

## いま目撃すべき極上の表現と、若き芸能者たちが創る未来。

これまでも、落語家ユニットはあった。だが、それはある程度、芸を成した者たちの物語の交錯を楽しむものだった。一方、二ツ目ユニットである成金を構成するのは、これから芸を修めようとする若者たちの「チーム男子」感である。

映画や音楽の世界でも起きている「メジャー／インディー」の流動化が、演芸界にも及び始めた、という見方もできるかもしれない。すでに真打よりも集客する二ツ目落語家は存在するだろう。

芸の継承という点では、諸手を挙げて歓迎できる状況ではないかもしれない。ホンモノに金が落とされない、という事態を招くことにも繋がりかねないからだ（わが国の洋楽シーンでは、すでに世界的ヘッドライナーの来日が大型フェス以外では困難な状況になりつつある……）。

とはいえ、二ツ目という中間層の充実が演芸界全体の底上げに貢献しているのもまた、まぎれもない事実である。

落語家の数が東西合わせて900人に及ぼうとする一方、講談では長らくアクティブな演者が100人を切るという状況が続いている。「絶滅危惧職」と言われるゆえんだ。しかし、ここにきて入門者は確実に増えつつあるという。

江戸から明治にかけて醸成された芸能が、洗練を経て、昭和のあたまぐらいまでに伝統を樹立する。現在は、その伝統や芸の真髄を肌で知る最後の世代が、いよいよこの世から去りゆく時期でもある。

これは寄席演芸にかぎった話ではない。歌舞伎や能狂言、文楽その他、さまざまな伝統芸能の現場で起きていることだ。

かぎりなく完成に近づいた、極上の芸は素晴らしい。まだ、間に合う。中村吉右衛門も坂東玉三郎も梅若実も井上八千代も一龍斎貞水も柳家小三治も、できうるかぎりこの眼に焼きつけたい。

と同時に、何かの途次にある者が未来を切り拓こうとする瞬間からも目が離せない。松之丞のような芸能者と同時代に生きる喜びや、ドキュメンタリー的な面白さは、本書の読者諸兄姉にはいまさら説明不要だろう。

# 六代目神田伯山、持ちネタ全リスト

六代目神田伯山は、入門13年目にして150を超える持ちネタがある。「連続物」と「一席物」に分けてリスト化した。

●＝勝負ネタベスト10（72ページ参照）
○＝寄席ネタベスト10（75ページ参照）

## ◇連続物◇

### 寛永宮本武蔵伝

|  |  |  |
|---|---|---|
| 1話目 | 偽岸柳 | |
| 2話目 | 道場破り | |
| 3話目 | 闇討ち | |
| 4話目 | 狼退治 | ○ |
| 5話目 | 竹ノ内加賀之介 | |
| 6話目 | 山本源藤次 | |
| 7話目 | 柳生十兵衛 | |
| 8話目 | 吉岡治太夫 | |
| 9話目 | 玄達と宮内 | |
| 10話目 | 天狗退治 | |
| 11話目 | 吉岡又三郎 | |
| 12話目 | 熱湯風呂 | |
| 13話目 | 桃井源太左衛門 | |
| 14話目 | 甕割試合 | |
| 15話目 | 山田真龍軒 | ○ |
| 16話目 | 下関の船宿 | |
| 17話目 | 灘島の決闘 | |

## 慶安太平記

|  |  | |
|---|---|---|
| 1話目 | 生い立ち〜紀州公出会い | |
| 2話目 | 楠木不伝闇討ち | |
| 3話目 | 丸橋忠弥登場 | |
| 4話目 | 忠弥・正雪の立ち合い | |
| 5話目 | 秦式部 | |
| 6話目 | 戸村丹三郎 | |
| 7話目 | 宇都谷峠 | ● |
| 8話目 | 箱根の惨劇 | |
| 9話目 | 佐原重兵衛 | |
| 10話目 | 牧野兵庫（上） | |
| 11話目 | 牧野兵庫（下） | |
| 12話目 | 柴田三郎兵衛 | |
| 13話目 | 加藤市右衛門 | |
| 14話目 | 鉄誠道人 | ● |
| 15話目 | 旗揚げ前夜 | |
| 16話目 | 丸橋と伊豆守 | |
| 17話目 | 奥村八郎右衛門の裏切り | |
| 18話目 | 正雪の最期 | |
| 19話目 | 一味の最期 | |

## 村井長庵

|  |  | |
|---|---|---|
| 1話目 | お小夜身売り | |
| 2話目 | 重兵衛殺し | |
| 3話目 | 雨夜の裏田圃 | |
| 4話目 | 久八の生い立ち（上） | |
| 5話目 | 久八の生い立ち（下） | |
| 6話目 | 小夜衣千太郎――なれそめ | |
| 7話目 | 小夜衣千太郎――長庵のかたり | |
| 8話目 | 小夜衣千太郎――久八放逐 | |
| 9話目 | 小夜衣千太郎――さみだれ噺 | |
| 10話目 | 小夜衣千太郎――千太郎殺害 | |
| 11話目 | 瀬戸物屋忠兵衛（上） | |
| 12話目 | 瀬戸物屋忠兵衛（下） | |

## 天保水滸伝

|  |  | |
|---|---|---|
| 1話目 | 相撲の啖呵 | |
| 2話目 | 平手の破門～鹿島の棒祭り | ○ |
| 3話目 | ボロ忠売り出し | |
| 4話目 | 笹川の花会 | |
| 5話目 | 潮来の遊び | |
| 6話目 | 平手造酒の最期 | |
| 7話目 | 三浦屋孫次郎の義侠 | |

## 畔倉重四郎

|  |  | |
|---|---|---|
| 1話目 | 悪事の馴れ初め | |
| 2話目 | 穀屋平兵衛殺害の事 | |
| 3話目 | 城富歎訴 | |
| 4話目 | 越前の首 | |
| 5話目 | 金兵衛殺し | |
| 6話目 | 栗橋の焼き場殺し | |
| 7話目 | 大黒屋婿入り | |
| 8話目 | 三五郎の再会 | |
| 9話目 | 三五郎殺し | |
| 10話目 | おふみの告白 | |
| 11話目 | 城富奉行所乗り込み | |
| 12話目 | 重四郎召し捕り | |
| 13話目 | おふみ重四郎白洲の対決 | |
| 14話目 | 白石の働き | |
| 15話目 | 奇妙院登場 | |
| 16話目 | 奇妙院の悪事（上） | |
| 17話目 | 奇妙院の悪事（下） | |
| 18話目 | 牢屋敷炎上 | |
| 19話目 | 重四郎服罪 | |

## 天明白浪伝

|  |  | |
|---|---|---|
| 1話目 | 徳次郎の生い立ち | |
| 2話目 | 稲葉小僧 | |
| 3話目 | 金棒お鉄 | |
| 4話目 | むささびの三次 | |
| 5話目 | むささびの三次〜召し捕り | |
| 6話目 | 悪鬼の萬造 | |
| 7話目 | 首無し事件 | |
| 8話目 | 八百蔵吉五郎 | |
| 9話目 | 岐阜の間違い | |
| 10話目 | 大詰め勢揃い | |

## 徳川天一坊

※『名君と名奉行』は、厳密に言えば『徳川天一坊の1話目』ではないが、時系列としてここに加える。

|  |  | |
|---|---|---|
| 1話目 | 名君と名奉行 | |
| 2話目 | 天一坊生い立ち | ● |
| 3話目 | 伊予の山中 | |
| 4話目 | 常楽院荷担 | |
| 5話目 | 伊賀之亮の荷担 | |
| 6話目 | 大坂乗り出し | |
| 7話目 | 伊賀之亮と土岐丹後守 | |
| 8話目 | 越前登場 | |
| 9話目 | 越前閉門 | |
| 10話目 | 閉門破り | |
| 11話目 | 水戸殿登城 | |
| 12話目 | 天一坊呼び出し | |
| 13話目 | 網代問答 | |
| 14話目 | 紀州調べ〜加納より紀州着 | |
| 15話目 | 紀州調べ第一日 | |
| 16話目 | 紀州調べ第二日 | |
| 17話目 | 越前切腹の場 | |
| 18話目 | 伊豆味噌 | |
| 19話目 | 龍の夢 | |
| 20話目 | 召し捕り | |

## ◇一席物◇

### 赤穂義士伝

| | | |
|---|---|---|
| 銘々伝 | 赤垣源蔵徳利の別れ | |
| 銘々伝 | 勝田新左衛門 | |
| 銘々伝 | 安兵衛駆け付け | |
| 銘々伝 | 幽霊退治 | |
| 外伝であり本伝 | 荒川十太夫 | |
| 銘々伝 | 大高源吾 | |
| 銘々伝 | 神崎の詫び証文 | ● |
| 銘々伝 | 安兵衛婿入り | |
| 本伝 | 南部坂雪の別れ | |
| 外伝 | 天野屋利兵衛 | |
| 外伝 | 忠僕元助 | |
| 本伝 | 大石東下り | |

### 軍談

| | | |
|---|---|---|
| | 三方ヶ原軍記 | |
| 源平盛衰記 | 扇の的 | ○ |
| 源平盛衰記 | 青葉の笛 | |
| 難波戦記 | 真田の入城 | |
| 難波戦記 | 本多出雲守の討死 | |

### 怪談

| | | |
|---|---|---|
| 真景累ヶ淵 | 宗悦殺し | ● |
| 吉原百人斬り | お紺殺し | ● |
| | 小幡小平次 | ● |
| | 乳房榎 | ● |
| | 鍋島の猫騒動 | |
| | 番町皿屋敷 | |
| 怪談牡丹燈籠 | お札はがし | |

### 武芸物

| | | |
|---|---|---|
| 寛永三馬術 | 曲垣と度々平 | |
| 笹野名槍伝 | 海賊退治 | |
| 三家三勇士 | 和田平助 | ○ |
| | 黒田武士 | |
| | 名月若松城 | |

## 力士伝

| | | |
|---|---|---|
| 寛政力士伝 | 谷風の情け相撲 | ○ |
| 寛政力士伝 | 雷電の初土俵 | ○ |
| 寛政力士伝 | 越の海 | |
| 寛政力士伝 | 橋場の長吉 | |

## 白浪物

| | | |
|---|---|---|
| | 青龍刀権次 | |
| | 小猿七之助 | |
| | 汐留の蜆売り | |

## 侠客伝

| | | |
|---|---|---|
| 幡随院長兵衛 | 芝居の喧嘩 | ○ |
| 浪花侠客伝 | 違袖の音吉 | ○ |
| 忠治旅日記 | 忠治山形屋 | |
| 清水次郎長伝 | 飯田の焼き討ち | |

## 役者伝

| | | |
|---|---|---|
| | 淀五郎 | |
| | 中村仲蔵 | ● |

## 名人伝

| | | |
|---|---|---|
| | 陽明門の間違い | |
| 日本名刀伝 | 正宗の婿選び | |
| | 鼓ヶ滝 | ○ |

## 漫遊記

| | | |
|---|---|---|
| | 鉢の木（佐野源左衛門駆け付け） | |

## 政談物

| | | |
|---|---|---|
| | 万両婿 | ● |
| | 五貫裁き | |
| | 人情匙加減 | |
| | 髪結新三 | |

## 明治物

| | | |
|---|---|---|
| | 英国密航 | |

## その他

| | | |
|---|---|---|
| | 鮫講釈 | |

## 新作

| | | |
|---|---|---|
| | 耳なし芳一 | |

参考：『神田松之丞　講談入門』（河出書房新社）

# 伯山が選んだ、勝負ネタベスト10

ここぞという時に、30〜45分で勝負ネタとして何をかけるか。伯山本人が現時点のベスト10を選び、それぞれの特徴を解説。

photograph by Renji Tachibana

役者伝

## 中村仲蔵

〈あらすじ〉家柄もなく、下回りから這い上がって名題に昇進した初代中村仲蔵。『仮名手本忠臣蔵』の晴れ舞台で、当時は端役の「五段目」の斧定九郎の役を振られる。工夫を凝らす仲蔵だが……。

最後に師匠が出てきたり、女房が出てきたりするくだりが嫌いなんです。芸ってもっと孤独だし、孤高だし、稲荷町から這い上がってきた者が、本当の孤独の中で戦っているのに、支えはあるにせよ、そういうことじゃないだろうと。元々あった薄っぺらさとかを全部排して、プライドもって孤独に戦っている仲蔵を描こうとして、それが形になったのが僕の仲蔵かなと思っています。だからすごく工夫した話じゃないでしょうか。

連続物

## 宇都谷峠

（『慶安太平記』第7話）

〈あらすじ〉京へ旅する増上寺の僧・伝達は、謎の男・甚兵衛に付きまとわれる。甚兵衛が宇都谷峠で紀州の御用飛脚を襲い、三千両を奪うのを目撃。伊豆守の包囲網が迫るや、地雷火で町を火の海に。

談志師匠が好きだった話です。ＣＤ（『松之丞ひとり〜名演集〜』）がいい出来だと思います。その頃、カミさんとスペインに行ってて、1日30キロ歩いたんですが、伝達と甚兵衛の1日２００キロには到底及ばないけど、本当に足が棒になって。その経験が話に生きたというのはありますね。大スペクタクルもあったり、松平伊豆守がカッコよかったり、談志師匠のところからちょっと取ってきてるんですけど、ホント面白いです。

連続物

## 鉄誠道人

(『慶安太平記』第14話)

〈あらすじ〉異形の願人坊主・鉄誠道人は、正雪の入れ知恵で「悪のすべてを受け入れ焼身自殺する。自らの悪を拭い去りたい者は免罪符を求めよ」と触れ十数万両を手にするが、正雪に騙され……。

ありとあらゆる話がある中で、こんなに面白い話があるのかと、初めて『慶安太平記』を知った時に思いました。つまりここには真っ白な奇形の人物が出てくる。そういう人に、講談は配慮がない。配慮がないから逆にいいなと思う。正雪が幕府を転覆させてやろうという意気込み、熱量みたいなのが、この話に一番出ている気がします。本当にひどい話で、場所も選びますが、定期的にかけていて、得意ネタになっていますね。

政談物

## 万両婿

〈あらすじ〉小間物屋の小四郎は上方に行く途中、襲われた若狭屋を救い、着替えを渡して別れる。が、若狭屋は帰る途中で病死。若狭屋が小四郎の着物を着ていたため、小四郎が死んだと思われるが……。

講談に馴染みのないお客様に、間違いなく喜んでいただけるネタが、この『万両婿』です。講談には堅いイメージがあるようですが、こういう楽しいものもあると、新しい発見をしていただけると思います。このネタは宝井琴調先生に教わりました。一龍斎貞水先生がやっていらっしゃる文化庁の伝承の会で習ったものです。他流派の先生に教えていただく機会も増えて、とてもありがたい。その結晶のような大事な読み物です。

連続物

## 天一坊生い立ち

(『徳川天一坊』第2話)

〈あらすじ〉紀州平野村の修験者・源氏坊改行は、老婆おさんの死んだ孫が、実は将軍の御落胤であり、自分が同年同日の生まれだと知る。おさんを殺し、師匠の感応院も毒殺して、村を出るが……。

『徳川天一坊』は、話そのものがよくできていて、生い立ちの一発目から引き付けます。のし上がってやろうとか、お客様が天一坊に感情移入するところは、天一坊と僕を照らし合わせていますね。この話は、以前TBSラジオ『問わず語りの松之丞』のイベント(グローブ座)でやって、ジェーン・スーさんが喜んでくれたのが自信になりました。大箱向きの話に仕立てられたと思います。ジェーン・スーさんお墨付きと書いてください(笑)

赤穂義士伝

## 神崎の詫び証文

〈あらすじ〉大石内蔵助に遅れて赤穂を出立し、東へ下る神崎与五郎。遠州・浜松宿の煮売り酒屋で食事中に、酔った馬方の丑五郎がやってくる。神崎に馬を勧めるが、断られた丑五郎は激高し……。

2017年の秋、地方の独演会のネタ出しはすべて『神崎の詫び証文』だったのですが、このネタがいかに強力かと思い知らされました。話の途中で講釈師が入ってくる構造の面白さもあるし、本当によくできているんです。神崎与五郎と丑五郎の対比、丑五郎のいかにも学がない感じ、でも情はあってみたいな、日本人が喜びそうなものが詰まっている。僕もちょっと工夫して、泣ける笑いを入れてほろっとさせるようにしています。

怪談

## 宗悦殺し

〈あらすじ〉根津の七軒町に住む鍼医で高利貸しの皆川宗悦は、貸金の督促のため小日向服部坂の貧乏旗本、深見新左衛門の屋敷を訪れる。酒浸りの新左衛門は宗悦と口論になり、斬り殺してしまう。

僕の怪談の代表作で、ほとんど師匠と一語一句変えていません。短いけれど深みもあるし、マクラもパッケージにしていますが、どこでやっても外さない。以前、よみうり大手町ホールでの「成金」に（柳家）権太楼師匠がゲストで来てくれた時に、『宗悦殺し』をやったら、師匠がすごく褒めてくれた。「こいつは講談を背負う奴だ」と500人の前で言ってくれた。うれしかったですね。権太楼師匠との縁をつないでくれたネタです。

怪談

## お紺殺し

〈あらすじ〉野州佐野犬伏随一の絹商人・佐野屋次郎兵衛は、江戸まで掛け金を集めに行った帰り道、病（梅毒）に冒されたと見える、臭気ただよう女乞食に金を恵むが、その後思いがけないことに……。

この話で工夫したのは、主人公の次郎兵衛が〈上唇をなめると嘘をつく〉という設定です。だから、女性のお客様は、怪談話というより、嘘をつかれるお紺がかわいそう、と感情移入する。また、「人間なんて、本当のことなんか誰も聞きたくねえんだよ」とか「嘘でもってんじゃねえか」というセリフは、初演の時にアドリブで出た言葉だったんですが、生きた言葉だなと思ってずっと使っています。自分だけの『お紺殺し』ですね。

怪談

## 小幡小平次

〈あらすじ〉初代市川團十郎を殺した役者・生島半六は、のちに牢死する。一人になった半六の女房おちかの元に芝居者の太九郎と小幡小平次が入り浸るように。ある日、おちかは太九郎を唆し……。

二軍のネタでしたが、最近一軍になりました。2018年7月の銀座・博品館劇場の『小幡小平次』はCDにするほど完璧な出来でした。この話の何が肝かというと、おちかなんですね。おちかがネチネチ女を出す。その女がいかに妖艶で色っぽくて、男を騙すのか。みんなおちかに振り回されていく。おちかが魅力的であるほど、そしておちかの演技が冴えるほど、この話がよくなる。博品館劇場の『小平次』も、おちかが完璧でした。

怪談

## 乳房榎

〈あらすじ〉本所柳島の絵師・菱川重信に、浪人・磯貝浪江が弟子入りをしてくる。浪江と重信の女房おきせは密通し、重信が邪魔になる。浪江は下男の庄助を脅し、重信を殺すことにするが……。

これは、怪談話が得意な、うちの師匠の十八番です。師匠は田舎者を演じるのが実にうまい。だから、『乳房榎』では下男の庄助がうまいですね、庄助の悲しさの描写とか、本当にうまい。僕は、師匠がカットしている、前半の浪江とおきせが深い仲になる「おきせ口説き」を足してやっています。『乳房榎』も一歩一歩ですが、少しずつ良くなってきたなあと思います。手ごたえのある話ですね。まあ、場所も人も選ぶ話ですけど。

# 伯山が選んだ、寄席ネタベスト10

寄席の持ち時間は15分だが、場合によっては10分や7分になることも。
落語家や漫才師と共演するなかで、伯山が選んだベスト10のネタは？

photograph by Renji Tachibana

連続物

## 狼退治

（『寛永宮本武蔵伝』第4話）

〈あらすじ〉駕籠で箱根越えをする武蔵。関所の近くで野宿をすると、狼の群れが襲ってきた。武蔵は二刀流で斬りまくる。その横で、素手で狼を殴り殺す駕籠かきの正体は、柔術家関口弥太郎だった。

『今夜も落語づけ』の「3分講談」で優勝（2016年4月）したネタです。3分というのは短くて極限ですよね。フルだと30分ほどありますが、3分でも、5分でも、10分でも伸縮自在です。狼が出てきて、武蔵がバッタバッタと斬りまくるくらいで、特に内容はない（笑）。ただ、その分、リズムやメロディ、ハーモニーで聴かせる時に、張扇の迫力だったり、狼のかわいさだったり、伝えるべき大事な要素が意外に揃っています。

連続物

## 山田真龍軒

（『寛永宮本武蔵伝』第15話）

〈あらすじ〉播州・舞妓が浜の茶店前、振り分け荷物が身体に当たったのがきっかけで、「毒虫」山田真龍軒と武蔵の果たし合いが始まる。真龍軒の武器は鎖鎌。武蔵は「天狗昇飛切の術」で立ち向かう。

大事な時で短く見せる時は、『山田真龍軒』ですね。宮本武蔵と虚無僧がただ闘っているだけで、こんなにも面白いんだっていう、講談の原点です。落語の『道灌』や『子ほめ』に近い感じで、基礎が詰まっています。しかも、緊張させて息を吸い込ませておいて、急にくだらない話をして、最後はお笑いに変えてしまう、「緊張と緩和」の最たるもの。現時点では、講談の寄席ネタの中で、『山田真龍軒』以上のネタはないですね。

連続物

## 鹿島の棒祭り

（『天保水滸伝』第2話）

〈あらすじ〉江戸の千葉道場を酒でしくじり、繁蔵の客人になった平手造酒。禁酒の約束をして鹿島神宮へ出かける。祭礼で、ついに禁を破り居酒屋で酒を飲む平手の前に、助五郎の子分三人が現れる。

自分の中で愛山先生って人がすごく好きで、先生のネタを寄席でやりたいと思っていました。先生のネタは長いのが多いのですが、この『鹿島の棒祭り』は短くできそうなので、教えていただいて、それ以来ずっとやっています。短く刈り込んで成立するネタというわけでもないですけど、DVD（『新世紀講談大全 神田松之丞』）にも入れているネタですし、大好きなネタですね。愛山先生が寄席にいたら、という思いを込めています。

侠客伝

## 芝居の喧嘩

〈あらすじ〉幡随院長兵衛の配下の町奴が、山村座へ芝居見物に行く。大混雑の場内で、半券代わりの「半畳」という敷き物を持たない「伝法」の男と、つまみ出す若い衆との間で喧嘩が起きるが……。

大師匠（二代目神田山陽）が得意なネタで、それが権太楼師匠に行き、一朝師匠に伝わり、いま落語界でやっている人が多いネタですね。落語の『芝居の喧嘩』は、講談の『芝居の喧嘩』のパロディなので、こちらが本当なんだよ、という意地でしょうか。講談の『芝居の喧嘩』も、落語の『芝居の喧嘩』もどちらも聴いてもらえると、寄席はさらに豊かになると意識的にやっています。元ネタを聴いてもらえれば盛り上がりますし。

侠客伝

## 違袖（たがそで）の音吉

〈あらすじ〉のちに上方三侠客のひとりとなる違袖の音吉は漁師の倅。生来の腕白者で喧嘩ばかりしている。天満天神の祭りの日、音吉は年格好四十の男とぶつかり、喧嘩をふっかけ啖呵を切るが……。

『違袖の音吉』もDVDに入れているくらい好きなネタですね。二ツ目初期の頃の代表作でしょうか。ほとんど会話でできている落語っぽいネタですが、大師匠の台本をほぼ変えずにやっています。ちっちゃくて生意気な子どもがパーパー言うだけなのに、演じているほうも楽しいですね。寄席用に短くするのは大変ですが、いまもよくかけてます。もちろん、学校寄席でもやりますし、大人相手でも喜んでもらえるネタだと思います。

軍談

## 扇の的

〈あらすじ〉屋島の合戦で、海上の平家方から、扇を立てた一艘の舟が漕ぎ出してくる。「この扇を射ることができるか」との挑発に、源義経は、那須与一宗高を召し、「扇の的を射よ」と命じたが……。

「講談とは軍談だ」という人もいます。ただ軍談を寄席でそのまま聴かせるのはきついので、どう工夫して聴かせられるかを考えます。寄席では、『扇の的』を『山田真龍軒』なみに大事なときにかけますね。先日、一之輔、吉弥という大変優秀な落語家の師匠方とやった時に、邪魔をせずにどうやって印象を残すかとなると、軍談なんです。しかもエンターテインメント色が強い軍談というと、僕の中では『扇の的』がベストです。

武芸物

## 和田平助

〈あらすじ〉水戸光圀公の寵愛を受ける和田平助正勝を妬んだ花房平太夫。碁盤に自分の手のひらを乗せ、相手が短刀を逆手に持って振り下ろす。手を引いて碁盤に傷がつくか否かの勝負をするが……。

テレビの『ダウンタウンなう』や『笑点』でやりました。このネタを『笑点』でやったことがきっかけで、中根寺という和田平助が亡くなったところでもやることになりました。普段は大相撲を見ているご住職が、その時たまたま『笑点』を見ていたそうです。そういう経緯があって、非常に感慨深いネタですし、水戸藩の剣豪、和田平助をよく知ることにもなりました。短くも長くもできる上、勢いがある。すごく好きな武芸物です。

力士伝

## 雷電の初土俵

〈あらすじ〉為五郎（為右衛門）は江戸の浦風部屋に入門するが、強すぎて誰も稽古を付けられない。四代目横綱・谷風梶之助が弟子とし、雷電という名で張り出し幕内で出場させるが……。

『雷電の初土俵』は、うちの師匠がすごく刈り込んだのを教えてくれて、大好きなネタですね。もう完全に体に入っています。年配の方や、講談に慣れていないおじいちゃん、おばあちゃんの前でこのネタをやると、本当に喜んでいただけます。特に一回忘れられない思い出があって、雷電のご当地である長野でやった時に、とても楽しんでいただいて、ものすごく盛り上がりました。やっぱりご当地ネタって強いなと思いましたね。

力士伝

## 谷風の情け相撲

〈あらすじ〉小兵力士の佐野山は、父親の看病疲れと薬代の支払いに追われ、水ばかり飲んで土俵へ上がるので初日から連敗続き。これを聞いた横綱谷風が「千秋楽に対戦させてくれ」と願い出て……。

このネタも大事なネタで、30分ぐらいあるのを15分に刈り込んで、いまは10分に刈り込んで、完全に一言一句になっています。『谷風』を面白おかしく変えたという意味では、傑作じゃないですかね。ただ、それが固まってきちゃったので、今後さらに面白おかしくしたいなあという思いがあります。『谷風』は若い人向きですね。『雷電』はどちらかというと年配の方向けですけど、こっちは若い人に通じやすいかな。

名人伝

## 鼓ヶ滝

〈あらすじ〉有馬温泉にある日本三滝のひとつ、鼓ヶ滝を訪れた西行法師。「伝え聞く　鼓ヶ滝に来てみれば　沢辺に咲きし　タンポポの花」と詠み、これほどの名歌はないと慢心していたところ……。

『鼓ヶ滝』も愛山先生に教わったネタですが、本当に便利なネタで、どこに行っても使えます。引き芸ですが、ときどき押し芸にも変えられるし、時間の伸縮も自在。30分でやることも15分でやることも10分でやることもできる。ホームランは打てないけど、ツーベース、シングルヒットは必ず打てる。しかも引き芸なので、小さなお座敷とかで映えますね。『谷風』から『鼓ヶ滝』の流れが、年配の方にはとてもウケます。


参考：『神田松之丞　講談入門』（河出書房新社）

放送作家

# 高田文夫

# AIの時代になっても、「情」だけは描けない。

聞き手・九龍ジョー　構成・編集部　写真・橘 蓮二

**Fumio Takada**

●1948年東京都生まれ。日本大学藝術学部放送学科卒業後、放送作家の道へ。『ビートたけしのオールナイトニッポン』(ニッポン放送)、『オレたちひょうきん族』(フジテレビ)ほか、数多くのヒット番組を手がける。落語立川流Bコースに入門し、88年に立川藤志楼として真打昇進。89年から『高田文夫のラジオビバリー昼ズ』(ニッポン放送)でパーソナリティーを務め、現在も放送中。

**高田**　(Pen+『1冊まるごと、神田松之丞』を手にして)今度は、これどうするの？

——サイズを小さくして、真打バージョンみたいな感じで書籍化します。

**高田**　また、水増しのアコギな商売やってるな(笑)

——ええ、使える記事は残しつつ、再編集して少し新しい記事を入れまして(笑)

**高田**　(パラパラめくりながら)去年の写真なのに、いまとは随分顔が違うね、松之丞。

——どんなふうに変わりました？

**高田**　しっかりしてきた。貫禄だね。1年前は、立ち居振る舞いがまだあんちゃんなんだよ。でも、今は堂々としてる。

——ラジオの『問わず語りの松之丞』も毎回チェックされていると思いますが、トークについても成長を感じるんじゃないでしょうか。

**高田**　そうだね。「肩書が人をつくる」って言うけど、伯山を襲名するのが大きいんだろうね。自信につながってる。

——そのラジオでも何度か話題になっていましたが、ストリップはその後、行かれてますか？

**高田**　じゃあ、その話からするか(笑)。この前、松之丞から手紙をもらったんだけど、そこに(浅草)ロック座の入場券が6枚入ってたの。で、その手紙に、「参院選に立候補したけど、そっと落選してしまった野末陳平先生をもう一回た(勃)たせてあげてください」って書いてあってさ。

——気が利いてますね(笑)

**高田**　面白いから陳平先生に声かけて、「おじいちゃん、もう一回たてと言ってますよ、伯山先生が」「そうだね。じゃあ高田君、連れてってくれよ」「いいですよ」なんつってさ。それで見終わって(浅草の)水口食堂で昼間から男6人でさ、「乾杯！　おつかれ」ってやってたら5分後に松之丞が現れるんだよ。「皆様、いかがでしたか？」って。お前はストリップ劇場の支配人か！　みたいな。そういうところが偉いよな。気が利いてるよ。それで30分ほどいろいろ訊いてくるから、俺が答えてやると、「高田先生はなんでも答えてくれるからうれしいな」なんて言って帰ってくのよ。そんなのが2、3回あるんだもん。果ては、俺が喋ってたら、「こういう大人になりたいな」だって（笑）

――ヨイショし倒しで（笑）

**高田**　「される身になってヨイショは丁寧に」って志ん駒さんが作った名言があるけど、まったくそのとおりでさ。あいつ、ラジオとかでも「俺の味方は高田先生と太田さんしかいないから」なんて言ってるだろ？　2人しかいねえじゃんって（笑）。するとさ、くすぐられんだよ。あれもヨイショなんだよな。

――言われて悪い気はしないですもんね。

**高田**　もちろん。太田だってぜったいそう。「参ったなあ、また松之丞が」なんて言ってるけど、「ダメな弟ほどかわいい」ってやつだよな。だから、松之丞もたいした戦略家だよ。花魁みたいなもんだから（笑）。手練手管は使わないだけで。

――まさに太田さんが喝破してましたけど、高田先生からみると、松之丞さんは孫みたいなものですね。

**高田**　否定できないよな。爆笑（問題）とか浅草キッドとか松村（邦洋）とかにはずっと厳しく当たってきたわけだよ。直系の弟子みたいなもんだから。でも、これが松之丞とかオードリーとかの世代になると、ちょっと違うんだよな。やっぱり孫みたいなもんで、何やってもいいぞって思ってしまう。だから太田は

俺にも直接言うんだよ、「孫だからかわいいんでしょ？　俺たちは、鬼のように怒られたのに」って（笑）

――それはもう仕方ないことですね（笑）

**高田**　世代だからね。基本的に若い子が出てくるのが、すごく好きなんだよ。最近もバスケの八村（塁）とかさ。どんどん出てくるだろ？　伝統芸能だって若い才能が出てきても、ぜんぜん不思議じゃない。もう、そいつらは何やったっていいもんな。出てくるっていう、それ自体がいいことだからさ。

――松之丞さんのブレイクによって、演芸界の同世代にも注目が集まっています。

**高田**　刺激になるもんな。ひとり元気なヤツが出てくると周りの半径何十メートルの人間がみんな元気になるし、潤うんだよ。以前、なにかで読んだけど、人間っていうのは「理・知・情」っていって、理性や理論の「理」に、知性や知識の「知」、それに、「情」の3つでできているんだって。これからAI（人工知能）の時代になるっていうけどさ、「理」と「知」はAIでカバーできる。ただ、「情」だけは、AIじゃ対応できない。だからこれからは「情」を描くジャンルが強いんじゃないかと思うんだ。すると、講談なんて、まさに「情」じゃない？　生き方としても人をたらし込んでいく商売だろ。松之丞にピッタシの時代になってるんだと思うよ。

――そうですね。講談というジャンルにこんなに光が当たるだけでもすごいというか。

**高田**　講談に目が行くなんて、いままでだったら想像もしないよな。やっぱりそれは本人の功績が大きいんじゃないの。面白いのがさ、水口食堂で飲んでる時に、ずっと俺たちが喋ってるの聞きながら、なんか言ってんの。「何ブツブツ言ってんだお前」「いや、先生が日藝出たから、志らく師匠も太田さんもみんな日藝に行ったじゃないですか。なんで俺は武蔵に行ったのかな」って（笑）

――同じ江古田駅なのに（笑）

**高田**　「俺も日藝に行きたかった。あの頃は芸事に対する選球眼がなかったんだな」って。

――でも、そこで皆と同じ道を行かないのがいいんですよね。

**高田**　そうなんだよ、松之丞らしいよな。へそ曲がってんだ。そんなやつだから講談と出会えたんだろうな。

――先生はこれまでいろんな方が人気者に

なるプロセスをご覧になってきたと思うんですが、松之丞さんの成り上がり方というのは他の方と比べてみてどうですか？

**高田**　たけしさんにちょっと似てるね。たけしさんもそうだった。売れる前はちょっとヒガミっぽいところがあってさ。でも売れたらガラッと変わるからね。もう自信満々（笑）。松之丞もそんなところがあるんじゃないかと思うよ。そういや、（立川）談志師匠もそうだったよな。俺が子どもの時、生意気なお兄ちゃんがテレビに出てきたな、怖いしイヤだなと思ってたんだけど、（小ゑんから）談志になったら「いいね、この人」って思ったもん。たとえ同じような生意気なこと言ってたとしても、売れたあとだと、面白くなるんだよね。本人も自信に裏打ちされるし。松之丞も、もうすぐそんな感じになるんじゃないか。

――その場合、売れることで最も変わるのはどのあたりだと思われますか。

**高田**　要は世界が変わるからね。たとえ同じことを言ったとしても周りがオッケーしちゃうんだよ。つまりは認知度の問題なんだな。たけしさんだってそうだったから。一度、認知されると強い。大衆芸能ってさ、どんなに毒舌を吐こうが、大衆に愛されていれば、あまり問題にならないんだよ。そこがたけしさんは上手いよな。悪口を言っても愛される。そこはちゃんと計算してる。太田もそうだろう。だからまずは売れることなんだよな。

――松之丞さんも、ラジオではちょっとそんな雰囲気がありますね。

**高田**　しかし、あんなに人の悪口を言う番組も久しぶりだよ（笑）。そういう意味でも、やっぱりたけしさんを思い出すところがあるよな。たけしさんの『オールナイトニッポン』も、全盛期は何を言い出すかわからない感じがあったからね。松之丞もいまのままで売れたら楽しみだよな。そうそう、岡田（准一）君がトイレのＣＭで講釈師に扮しているけど、あれだって松之丞のおかげだろ。

――ＬＩＸＩＬのＣＭですね。監修に松鯉先生が入っているそうです。

**高田**　岡田くんが落語家じゃなくて、講釈師なんだもんな。時代は変わったよ。だって『タイガー&ドラゴン』で落語家やってたんだよ？　それが釈台置いて、パパンッてＣＭやってんだもの。すごいよね、松之丞の影響力。この本（Ｐｅｎ＋『1冊まるごと、神田松之丞』）だって売れたんだろ？

――売れたようです。おかげさまで。

**高田**　悪いけど、そんなに売れるような本じゃないだろ（笑）。だって講釈師だよ？　カラーグラビアでさ、普通買わないって。

――社会現象みたいな感じもありますね。これで真打昇進と伯山襲名があることで、さらなる期待感も高まっています。

**高田**　これから、どんなことが起きるのか、楽しみだね。

――テレビの『太田松之丞』はご覧になっていますか？

**高田**　この前、松之丞に会った時に「『太田松之丞』は見てますか」って聞いてきたから、「もちろん全部見てる」って答えたよ（笑）

――いかがですか？

**高田**　「ひでえもんだ」っつって（笑）。「お前のほうが若手なのに、太田相手になんで手ぶらなんだよ」って。ずっと太田が汗びっしょりで喋ってるんだもん。

――労働量が違いすぎる（笑）

**高田**　もう、太田がかわいそうで仕方なくてさ（笑）。それ言ったら、「やっぱり先生は太田さんがかわいいんですね」だって。いやいや、そういうことじゃねえだろ！ テレビにはテレビのマナーがあるんだよ、バカヤロ。

——いわゆるテレビタレントと一線を画しているところが、いいですよね（笑）

**高田** ホントうまくいってほしいよね。志らくがうまくいっただろ。その次が松之丞だ。で、一之輔が行くから（笑）。みんな普通のタレントになり下がらないで、あくまで寄席演芸の世界の人として、ちゃんと一目置かれる感じでいてほしいね。吉本の連中にナメられないようにさ。

——ところで、昨年インタビューした時に、講談界における松之丞さんの存在について、「公衆電話ボックスの中でスマホを使って電話している」っていう見事な見立てをしていただきました。そのイメージでいくと、六代目伯山襲名後は、どんな見立てになりますでしょうか？

**高田** そんなもん、すぐに思いつかないって（笑）。だいたいスマホ以上の新しい機械なんて、俺にはわからないし。……まあ、さっきも言ったけど、AIが取って代われないような芸ってことだよな。松之丞が目指すのは。

——これからの松之丞さんに期待することはありますか？

**高田** ない（笑）。もう十分だよ。

——高田先生にそう言われるのは、松之丞さんもうれしいと思います。

**高田** だいたい講談でこれだけのスターが現れるってこと自体、考えもつかなかったんだから。だって、例えばジャグラーからいきなりスターは出ないだろ（笑）

——ジャグラーも凄いと思いますけど、でも、そういうことですよね（笑）

**高田** つまり、みんながその凄さを忘れてたってこと。俺だって何十年と寄席演芸の世界を見てきたけど、まだ見たことがないものを、松之丞には見せてもらえる可能性がある。それが楽しみだよ。伝統芸能なんて、だいたい予測つくじゃない？ こうなって、こうなって、最後は人間国宝になって上がり、みたいな。でも、それを打ち破るくらいのことが起きないかな、と思うね。

——それは見てみたいです。と同時に、六代目伯山になっても、先生にとってはかわいい孫であることは変わりませんね。

**高田** もちろん。だいたい池袋生まれってのがいいよ、品がなくてさ（笑）

illustration by Satoshi Maruyama

# 口上

数年前 仲間から「マツノジョウ行こうよ」と誘われた時 てっきり鰻屋で一杯かと思った
よくきけば「松の上」ではなく「松之丞」だと判明した これがまたよく口に合い耳に
合い鰻だけにすぐにウラを返して二度三度 そのテンポと毒舌にタレ（楽屋言葉で女性）
も山椒も大喜び まさに まさに”あなたが神田 小海老が痛い“である 伊東ゆかりって
のはちと古すぎたか マスコミ人気もそこそこあるようで曰く「いま最もチケットがとれな
い○○」（オリンピックの開会式じゃねえッつーの）曰く「百年に一人の天才」（その百年
前の一人って誰なんだっつーの） まぁなんでもいいや マスコミからミニコミ クチコミまで
人の気持を集める”人気商売“ 囃してもらっている間は踊っていればいい
「講談師 扇で嘘を 叩き出し」
これからも楽しい嘘の八百を そのお手製の張り扇でたたき出していってくれ 伯山の嘘が
大衆にとっての夢となる（本当かな）

年に二人出る天才

高田 文夫

# 胎動

文・万城目学（作家）

Manabu Makime
●1976年生まれ。2006年『鴨川ホルモー』でデビュー。著書に『プリンセス・トヨトミ』など多数。最新刊は『べらぼうくん』（文藝春秋）。

はじめてその存在を知ったのは、お笑い番組『ENGEIグランドスラム』放送後の反響についてのネット記事だった。講談師が出演したという異例のキャスティングを伝える記事のなかに、「神田松之丞」という名前を見つけた。間抜けな話だが、私は講談師が東京にいるとは思いもしなかった。大阪の漫才師の話を書くために東京の漫才師を取材する人間などいないように、東京に住んでいたにもかかわらず、大阪ばかり気にして、足元を調べようとさえ思いつかなかった。

さっそくネットでリサーチしてみたところ、

「何だか、すごい」

それは不思議な導きだった。

以前から講談を聞いてみたいと思っていた。いつか大正時代の古い大阪を舞台にした小説を書きたい、ついてはそこに講談師を登場させたい、という創作上の欲求を密かに抱えていたからである。

それまで講談を見たことがなかった私は、実家の大阪に帰省するたびにその機会がないか調べるのだが、なかなかタイミングが合わない。そう、関西には講談師が二十人ほどしかおらず、しかも三つに分裂しているため、公演の場自体が少ないのだ――。

そんなところへ、不意に彼が現われた。

その手の感想ばかりが並んでいる。

ふと、机の隅に、過去の原稿執筆が縁で毎月送ってもらっている「熱風」という小冊子が置いてあることに気がついた。何たる偶然か、最新号の表紙には「神田松之丞ロング・インタビュー」と記されている。

ジブリの鈴木敏夫氏が発行人としてやりたい放題やっている冊子なので、彼が松之丞と交わす「ロング・インタビュー」は、その名のとおり尋常ではないロングぶりで、それを一気に読み切ったところ、

「これは相当な変人だ」

という感触を持った。特に師匠につくときの合理的な判断について、こういうことを考え、かつ言葉にして話す人をはじめて見た。正直だが、意地の悪い知性が常に底に漂っているところにも好感を抱いた。

私はそれ以上の検索の手を止めた。これは人の意見に触れずに、自分の目と耳で確かめるべきだ——。

だが、どうしたら松之丞に会えるのか。

チケット情報を調べるが、これが本当にない。「今一番チケットが取れない講談師」という呼びこみはハッタリではなく関東近郊は全滅、北陸あたりまで出張ったら会えぬこともないが、それも数カ月先である。

単独講演は無理だと見切りをつけ、他のかたちはどうかとリサーチ範囲を広げた結果、神田一門が出演する「講談新宿亭」に登場するという情報にぶつかった。

『ＥＮＧＥＩグランドスラム』の放送が二〇一八年四月七日だったから、なかなかの行動力だったと言える。

四月十三日、新宿永谷ホールにてはじめて彼を見た。

平日の昼間開催ゆえか、開場十分前に会場に到着したら座ることができた。客層は私でいちばん若いくらい、かなりの年齢層の高さだ。神田松鯉はじめ一門の五名が出演し、松之丞は三番目の登場だった。

初見のイメージは「暗いな、この人」だった。

顔色が悪く、猫背で、メガネをかけている。無愛想で陰鬱な雰囲気、猫背ゆえに視点を定めるためにあごが浮いてしまうところに、どこか自分と近しいものを感じながら、その動きを見つめていたら、釈台の前に座り、両手を添えて、ちょこんとお辞儀した。

「神田松之丞でございます」

その大きな身体に似合わない、猫のようにかわいい声だった。それから、おもむろにメガネを外した。異様な空気が決して広くない会場を包むなか、ぼそり、ぼそり、と話し始めた。

これが、おもしろい。

意地でも笑わんぞ、というくらい厳めしい顔つきで腕組みしていた中高年の客が、こらえきれないように「プハッ」と声を漏らす。こういう場ではとかく仏頂面を保ちがちな私も気づけば笑っている。間合いだった。

この人は簡単に人を笑わせることができる。その間合い、緩急のつけ方を知っている——。

それはつまり、相手の時間の感じ方をコントロールできるということで、その後、松之丞の高座で何度も体験することになる、張扇の響きも高らかに、猫撫で声から胴間声まで自在に駆使しながら不気味なまでに彼が話に入りこむのに合わせて、場の全員が彼の支配する時間の渦に呑みこまれていく感覚——、その小手先の部分にさっそく触れたのだった。

もっとも、このとき二十分ほどの出番では、そこまでは見極められず、お客さん、空調暑くないですか、いや、これ暑いですよね、とひとしきり気にした挙げ句、それを聞いても空調を下げない裏方に本気で苛立っていたのが印象的だった。

これが私の初講談、神田松之丞を知り、出会うまでの顛末である。その後は本来の「未来の小説執筆のための資料集め」という目的を忘れ、ただ楽しむためにラジオを聞き、高座を見にいくようになって今に至るわけだが、近頃ひとつの予感を抱き始めている。

これは講談そのものとは離れる話だが、私がもっとも好きな関西の芸人のひとりに上岡龍太郎が

いる。講談師・旭堂南蛇として高座に上がったこともある彼が、かれこれ三十年ほど前、若きダウンタウンとの対談で、

「これからは君たち素人芸の時代。われわれのような玄人芸を学んだ人間はただ去るのみ」

といったようなことを大阪のテレビで言っていた。

ここにおける素人芸とは「若者の立ち話」「喫茶店の会話」といった日常のおもしろさを突き詰めた話芸のことであり、いわゆる師匠について型を教わる伝統的スタイルの話芸との対比として使われている。ダウンタウンを筆頭とする師匠と型を持たない新たな芸人の話芸が、訓練された玄人の話芸を駆逐していく――。誰よりも当事者であるにもかかわらず、冷静に現状を俯瞰し、自身を客観視できたのが上岡龍太郎の偉大さであるが、改めて感じるのはあれから三十年が経ち、ぐるりと時代が一周したのではないかということだ。

新しきはいつか当たり前となり、やがて古きとなる。

この万物の原理が、天下を取った素人芸にも訪れ、今のテレビには進化の道筋を見失い、どん詰まりに行き着いた素人芸が行き場なく蔓延している。

このタイミングで「百年に一度の天才講談師」が現われたことに、私は時代の巡り合わせを感じる。

松之丞がダウンタウンの松本人志と同じ番組に出演したとき、両者の食い合わせが実に悪いことに私は注目せざるを得ない。これは誰もがこの十年、二十年、探しつつも見つけられなかった「ダウンタウンの次」がついに現われたことを意味しているのではないか？　松本人志の前に座る松之丞は、あのとき上岡龍太郎の前に座っていた若き彼自身ではないか？　などと私は期待をこめて今後の展開を見つめている。

そこにあるのは決して対立ではない。

復権した玄人芸には、素人芸がすでに取りこまれている。さらに新たなものへ変化する、時代を一歩前にぐいと押し出す――、その大いなるドラマを来るべき伯山時代、われわれは目撃する気がしてならない。

# 快進撃が止まらない、神田松之丞の軌跡。

独演会のチケットは即完売し、寄席では当日券を求めて行列ができる。ここ数年、圧倒的な人気と動員力を誇る講談師がたどってきた軌跡とは。

文・生島 淳

2018年10月執筆、2019年12月加筆

Jun Ikushima

●1967年宮城県生まれ。文筆家。文春オンラインにて神田松之丞インタビューを敢行。2017年は150席、2018年は146席、2019年は113席、松之丞の高座に通った。

２０２０年2月11日、六代目神田伯山が誕生する。講談界の大名跡の復活は、大いなる慶事である。

古舘克彦という青年が大きくした「神田松之丞」という名跡とは、お別れ。めでたいけれど、少しさびしい。

おそらく、前座から二ツ目時代の松之丞の快進撃は、後世に伝説として語られるようになるのではないか。

２０１６年の秋の時点では、お江戸日本橋亭での「朝練講談会」を開場30分前に並べば余裕で見られた。２０１７年のお正月には『畔倉重四郎』の完全通し公演が行われたが、客席は１００人入れば目いっぱいのレフカダ新宿。そこから怒涛の快進撃が始まり、東京芸術劇場、東京グローブ座、紀伊國屋ホール、国立演芸場、博品館劇場、よみうりホール、イイノホールを次々に制覇し、しかも常に満員。

そして２０１９年のゴールデンウィークには京都・南座に進出。うららかな春の日、南座には祝祭感が満ちていた。

私たちは、そんな奇跡をリアルタイムで目撃したのだ。なんと幸せなことだったか。「平成の奇跡」、神田松之丞の快進撃を振り返る。

## 特別な人だからこそ、特別な場を用意する。

独演会は松之丞の真骨頂が味わえるが、寄席の15分間で小気味よく自分の役割を果たす松之丞もまた、気持ちが良い。

新宿末廣亭の真山由光席亭は松之丞を次のように評価してきた。

「もうね、松之丞はなにをやってもいいんですよ。末廣亭の2階を開放するのは、小三治師のトリの時と、若手では喬太郎、一之

photograph by Osamu Kurihara

photograph by Renji Tachibana

新宿末廣亭で師匠の松鯉がトリを取る時、松之丞は中入り後のクイツキに出ることが多かった。

# 積極的な活動で、興行関係者の目に留まる。

輔がそれに加わってくる。最近になって、神田松鯉先生が主任の時も大入り満員です。これは松之丞の人気も手伝っていて、その力は底知れない。彼は中入り後のクイツキで高座に上がってもらうことが多いんですが、通常は二ツ目が上がるところじゃありません。私としては彼を〝真打格〟として据えてます。そりゃあ、そうです。二ツ目でこれだけの人気を誇っていたのは小朝、昇太くらいでしたから」

　真山席亭は、松之丞をより積極的に起用したいと目論んできた。

「僕は芸協（落語芸術協会）には、ずいぶん前から松之丞を1年でも早く真打に抜擢するようにお願いしてきました。寄席で育ち、寄席にお客さんを引っ張ってこれるんだから。今回、ようやく実現しましたけどね。ダメだったら、二ツ目だけど末廣亭でトリを取ってもらいたいとさえ思ったほどですから」

　席亭は、高座での松之丞の歯切れの良さを高く評価しているが、なぜ一刻も早く大きな舞台を用意しようと考えてきたのだろう。

「答えは簡単ですよ。松之丞は、〝特別な存在〟です。特別な人には、特別な場を用意するのが当たり前でしょう」

　新宿末廣亭の席亭をして「特別」と言わしめるようになった軌跡は、いったいどのようなものか。入門以来の芸歴を関係者の証言を交えてたどってみる。

　松之丞が、神田松鯉の門を叩いたのは2007年10月30日、二代目神田山陽の命日だったということはよく知られている。毎年、日本講談協会ではこの日に二代目山陽を偲んで「山翁まつり」を開いているが、松之丞には「ここで楽屋を訪ねれば、断られることはないだろう」というしたたかな計算が働いていた。

　しかし、前座時代は鬱屈を抱えたまま時間を過ごす。特に「二ツ目になる直前、4年目は人間が壊れます」と松之丞は私に語ってくれたことがあるが、そうした思いを発散するのは独演会しかなかった。

　前座の松之丞がはじめて自らの会を開いたのは、2011年1月30日のこと。師匠の松鯉は「ひとりでやるのはダメ。でも、誰かと一緒なら」と許可してくれた。付き合ってくれたのは芸協の先輩、三遊亭小笑である。

## たった8人を前に、ヘビー級のネタを読む。

　場所は、早稲田大学の西門近くにあるトナカイ小麦店というカフェ。「飛びガラスの会」と銘打ち、定員12人の席に集まったのはたった8人だった。この時、松之丞が高座にかけたのは、次の4席。

寛永宮本武蔵伝より『山田真龍軒』
『グレーゾーン』
村井長庵より『雨夜の裏田圃』

慶安太平記より『鉄誠道人』勢いのある山田真龍軒はともかく、この並びは尋常ではない。ヘビー級の読み物ばかりで、とても前座が読む話とは思えない。読む方も聞く方も体力が必要だっただろう。

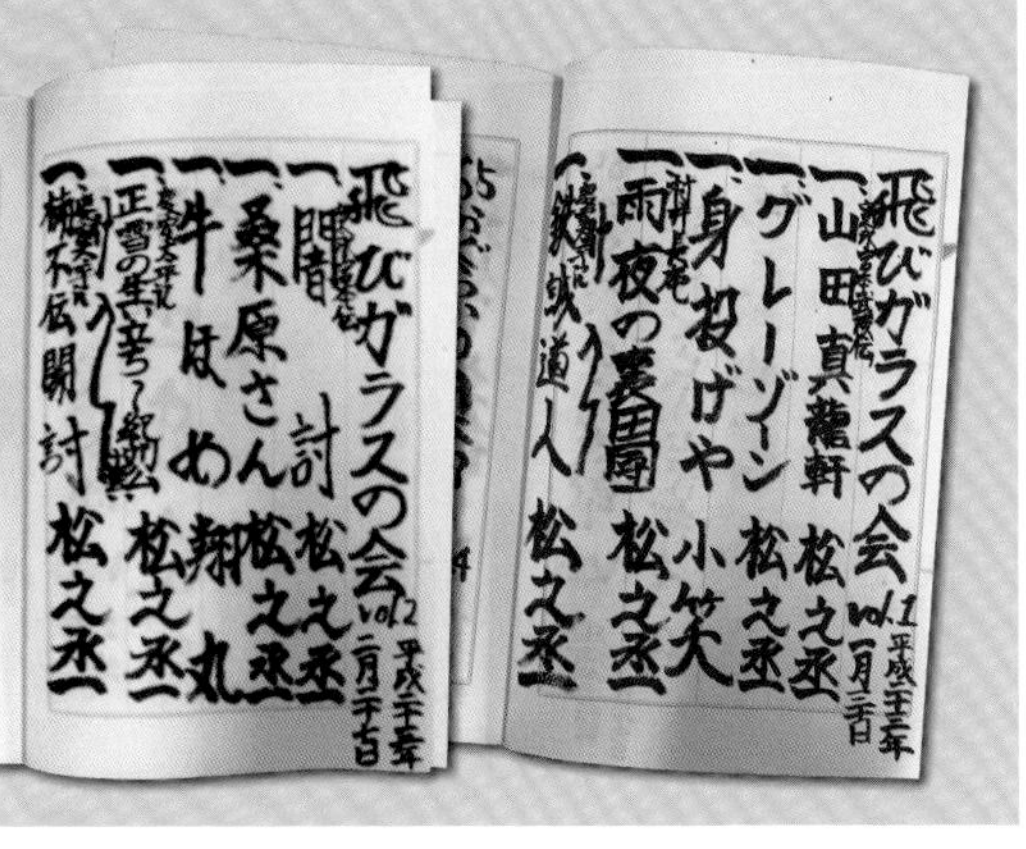


2011年1月から、前座時代に実質的な独演会ともいえる「飛びガラスの会」を開催。写真は第一回目と第二回目のネタ帳。

この会に足を運んだ観客のなかで、いまも熱心に松之丞の会に足を運ぶ女性の姿が見られる。

東日本大震災で演芸会が壊滅的な打撃を受けているなか、松之丞は同じ年の初夏に神保町にあるらくごカフェで「松之丞百席」をスタートさせ、7月には神楽坂の赤城神社で「あかぎ寄席」に参加するようになる。そして翌8月、五街道雲助の会に前座として登場した松之丞は、「2ちゃんねる」のトピックとなる。ネットの世界で松之丞が「検知」されたのはこの時が初めてで、ここから出世物語が始まっていく。

翌12年6月には二ツ目昇進。昇進を祝う会では130人の席を積極的な営業で売り切った。また、この時期から松之丞はユニット活動を積極的に行い、13年には芸協の二ツ目を集めた「成金」の本興行をスタートさせ、それとは別に小笑、春風亭昇也らとともに「グズグズ寺」を立ち上げる。

成金が西新宿の「ミュージック・テイト」を根城に毎週金曜に会を開くようになったのは13年11月のことだが、その1年後の14年の12月には新宿文化センターで桂歌丸、春風亭昇太、三遊亭小遊三といった芸協の幹部を迎え、『大成金』を成功させる。

## マクラが上手なうえに、場を支配する力がある。

そしてこの時期から、興行関係者が松之丞に目を留めるようになってくる。渦産業を主宰するプロデューサーの木村万里さんは、14年に「あかぎ寄席」で松之丞の高座を見て、積極的に手掛けたいと思うようになった。

「マクラが上手で、場を支配する力がありました。着眼点もいいし、古典だけじゃなく、新作もやっていたので、創作能力があるというのもわかりました。私としては、どうしても松之丞さんを売りたいと思って、どうやったら『広がるか』を考えました。そこで、夢空間の社長に見てもらおうと思ったの。でも、お忙しくてなかなかあちこち見に行く時間がないらしくて」

夢空間の社長である土屋昭雄氏がはじめて松之丞を見たのは、15年7月21日に木村さんが企画し、夢空間が主催した「咲け咲け、はなし畑」（東京芸術劇場シアターウエ

photograph by Renji Tachibana

2014年11月24日、下北沢で行われた「渦34」（木村万里さん主催のジャンルシャッフルライブ）に出演した時の松之丞。

スト）の会だ。

出演者は松之丞のほか、三遊亭粋歌、瀧川鯉八、立川笑二。この日のことを木村さんは鮮明に記憶している。

「私が小屋に入ったら、すでに松之丞さんが来ていて、高座マイクや釈台の音や照明をチェックし終わっていたの。これは絶対に成功するな、と思いました」

この高座を見た夢空間の土屋社長は、松之丞の独演会を手掛けるようになる。

そして15年12月12日、内幸町ホールで独演会が開催され、以後、都内の各地を席巻していく。

２０１６年
３月　内幸町ホール
４月　春風亭一之輔を迎えて
　　　横浜にぎわい座
７月　博品館劇場
９月　東京芸術劇場シアターウエスト
（この高座で読んだ『宇都谷峠』『箱根の惨劇』はＣＤに収められている）

２０１７年
５月　なかのＺＥＲＯ小ホール
７月　柳家喬太郎を迎えて
　　　横浜にぎわい座
（個人的に、これは〝神会〟であった）
８月　イイノホール

２０１８年
４月　なかのＺＥＲＯ小ホール
５月　北とぴあ
７月　銀座７ＤＡＹＳ
　　　博品館劇場

出世の糸口を作り、一気呵成に階段を上がってきた松之丞の姿を木村さんはどう見ているのか。

「松之丞さんは、テレビに出ても媚びていないですよね。変えてないのがいいと思う。昔、談志師匠がテレビの寵児だったのに、その後、いろいろあって出なくなってね。メディアで生き残るのは、それなりにエネルギーも必要だから、姿勢が変わってないのは、講談への思い入れが強いからでしょう」

木村さんは、松之丞が「ＳＮＳ時代になって初めて爆発的に売れた芸人」と評する。

「私はＳＮＳだけで勝負しても面白かったと思うし、それでも間違いなく売れたでしょう。みんな、テレビにそんなに力がないのに、幻想を抱きすぎている。やっぱり強いのは、口コミ。強度、熱が違うもの。松之丞さんを売るにあたって私の仕事は、まずは〝渦〟を作ることでした。渦が出来れば、その周りに塊が出来ていく。松之丞さんもそのことを自覚しながら動いているし、ＳＮＳ、ラジオ、そしてテレビを使い分けているんじゃないかしら」

## 落語ファンに向けて、どうアピールするか。

木村さんが松之丞を手掛け始めた14年から15年にかけて、もうひとつ大きな動きがあった。サンキュータツオ氏がキュレーターを務め、毎月渋谷にあるユーロライブで開催されている「渋谷らくご」、通称「シブラク」だ。

シブラクがスタートしたのは14年11月のこと。松之丞は12月に初登場し、サンキュータツオ氏は当時のことを次のように振り返る。

「松之丞さんは14年暮れの時点では、高座はすでに満点を取っていましたが、動員がまだまだという状態でした。僕としては落語ファンにどうやったら松之丞さんを聴いてもらえるか、それを考えていたんです。わずか数年前ですが、講談も浪曲も誰も知らない状態でしたから。シブラクとしても、この会をどう売っていこうか考えていた時期でして、松之丞さんにはトリを取ってもらい、なおかつフルハウスにできるポテンシャルがあった。そこで15年の年明けから告知方法を考えつつ、春を迎えるあたりに機は熟してきたかな、という手ごたえがありました」

二ツ目がトリを取るとなると、真打の理解が必要になる。シブラクを支えていた柳家喜多八（故人）、春風亭一之輔の承諾を得て、いよいよ15年5月に一之輔をヒザ（トリの前の高座）に、松之丞がトリを取り、新作の『グレーゾーン』で勝負、満員の178名をうならせた。

「おそらく、一之輔師匠に戦争を仕掛ける気で挑んでたんじゃないかな（笑）。シブラクにおける松之丞さんの存在は大きくて、通常4人の演者が高座に上がりますが、一人目、そして三人目が難しい。松之丞さんは観客としてたくさんの演芸を見てきたので、どの番手であっても役割を理解してくれた。プロになる前は、すごい聴き手だったと思いますよ。そしていよいよトリを取って、結果を出したわけです」

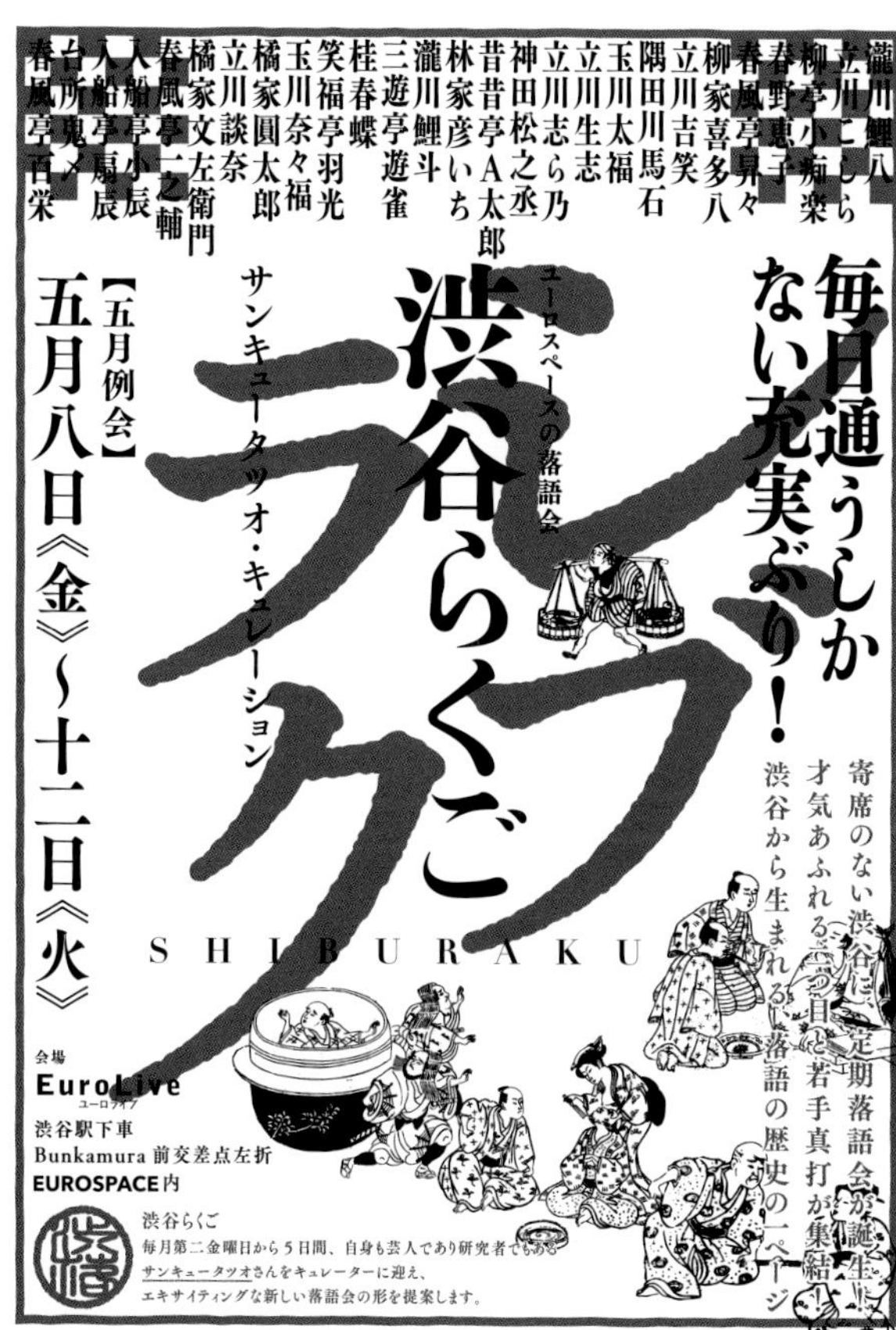

2015年5月11日、シブラクで初めてトリを取る。ネタは演出にも工夫を凝らした新作の『グレーゾーン』。

# 短距離を疾走しつつ、長距離走者の下地を作る。

これ以降、シブラクは廉価で松之丞が聴ける貴重な場となり、情報の発信源ともなった。昨今の飛ぶ鳥落とす勢いの松之丞を、サンキュータツオ氏はこう見ている。

「予想より売れるのが2、3年早かったですね。これが時代のスピードなんでしょう。松之丞さんは恩返しのつもりでシブラクの高座に上がってくれていると思います。自分がハブになって、いろんな芸人さんに触れてもらおうという気持ちで」

2015年7月12日の「シブラク」では、七月場所初日に合わせて『谷風の情け相撲』を読んだ。

photograph by Renji Tachibana

今後、松之丞がどれほど化けるのか、次のように予見している。

「彼は『講談』に選ばれた人です。声質、身体性、すべてが講談向きです。しかも講談が描き出す人間のダークな部分を見事に表現できる。松之丞さんは80歳くらいまで生きる前提でキャリアプランを描いているでしょう。いま35歳ですが、30代では出来るだけ松鯉先生から持ちネタをインストールして、40代では弟子を育てる。つまり、外付けハードディスクをこしらえて、自分は〝ハブ〟になって後世に講談を伝えていく。そして50代以降は最強になるんじゃないですか。持ちネタの完成度を上げていくところまではクリアに見えているでしょう」

おそらく、松之丞の中での時間の概念は、普通の人々とは違うと推測する。

「松之丞さんは、30代にして残された時間と戦っています。月にひとつずつネタを増やしていったとしても、30代で覚えられるのは、あと50から60なわけです。たいへんな戦いに挑んでいます」

## 画期的な試みだった、『畔倉重四郎』の通し読み。

成金、シブラク、そして夢空間と活躍の場が広がってきた松之丞は、16年の夏ごろからメディアにも取り上げられるようになり、独演会での完売のスピードが上がってくる。認知度、人気が上がってきたところで松之丞が次に仕掛けたのは、極めてオーソドックスな興行だった。

2017年1月、松之丞は講談師としての方向性を決定づける画期的な興行を打つ。レフカダ新宿での六夜連続『畔倉重四郎完全通し公演』だ。

個人的な話で恐縮だが、この通し読みで私は自分の「忍耐力」を試された。

まず、連続読みというものを観客として経験したことがなく、仕事を抱え、インフルエンザの流行時期とあって、六日間通える自信がなかった。

しかも、会場のレフカダ新宿はキャパ１００人に満たない小劇場。開場の45分前には整理番号順に整列し、席を確保する。開演までの間、入口の扉が何度も開くため寒風が入り込み、暖房が効いているのに寒いことこの上ない。私は上着を脱がず、マスクにマフラー、ひざ掛けを必要とした。

さらに、開演前には、「咳、居眠り、メモを取るなどの行為は禁止させていただきます」とのアナウンスが入り、観客は笑いつつも、ピリッとした空気の中で松之丞の登場を待った。「お客様にとっては地獄みたいな公演」と松之丞は笑うが、この洒落っ気をファンは楽しんだ。

そして六日間を完走し、物語、そして松之丞の熱に圧倒された満足感に浸りながら、仲間たちと打ち上げをした。連続読みを目撃すること、それは祝祭に近かった。

長く寄席演芸を愛し、見つめてきた長井好弘氏は、松之丞の連続物へのこだわりを驚きをもって迎えている。

「おそらく、松之丞君は一席物、端物をやった方が簡単に売れたし、儲かったはずです。それなのに、わざわざ誰も手掛けたことがなかった連続読みにチャレンジした。彼は遠回りを選択したようなものです」

長井氏がそう思ったのは、松之丞の持ち味が短距離走者のものだと感じていたからだ。

「前座の時の彼は楽屋でも下を向き、鬱屈を抱えている青年に見えました。それが二ツ目になって『山田真龍軒』を聞いたとき、彼のパワーと口跡の良さに度肝を抜かれました。このネタは松之丞君が手掛けるまでほとんど眠っていたネタですから、彼が甦らせたと言っていい。これはとんでもない人が出てきた、と思いました。今では、落語の技術を取り入れたエンターテインメントを展開できるようになっているので、それを全面に押し出す方法を採っても、彼は爆発的に売れたはずです。でも、彼はそうしなかった。神田松鯉の弟子として連続物に強い思い入れを持ち、あえて遠回りをした。二ツ目になった12年から師匠と一緒に連続物を定期的に読んでいく俥読(くるまよ)みをしていたとはいえ、それを連日聞かせるテクニックを身につけていたんです」

短距離走者として疾走しつつ、長距離走者としての下地を作っていたのだ。松之丞は畔倉重四郎以降、同年5月に内幸町ホールで『村井長庵』、18年1月に『寛永宮本武蔵伝』、19年1月には池袋のあうるすぽっとで『慶安太平記』、そして真打昇進を目前に20年1月に再び『畔倉重四郎』をあうるすぽっと、そして名古屋の大須演芸場で読む。日程的にも観客の負担が大きい通し読みが受け入れられた理由を長井氏はこう分析する。

「松之丞君の芸は、〝新しい話芸〟なんです。誰もやったことがない手法で連続物を手掛け人々を魅了している。彼は講談だけではなく、演芸の世界で前例のない道を進んでいるといえます」

長井氏はまた、松之丞が寄席芸人の世界で異質なのは、売れることへの欲求を隠さないことだと話す。

「大衆演芸は、ある意味、見栄の世界ですから、稽古でどれだけ苦労しているかを見せないのが粋とされる。完璧主義なんです。ましてや、松之丞君のように『真打にさせ

# 講談の魅力を伝えるため、「連続物」に挑む。

ろ』とか公言するのは、野暮の骨頂なわけ（笑）。でも、そうした野心も含めて、松之丞君が世の中に受け入れられているんだと思います。松之丞君はあえて野暮な道を進むしかない。それが、長く低迷を続ける講談の世界で育ってきた彼の宿命だと思います」

## とにかく攻めないと、守ることさえできない。

こうして見てくると、12年に二ツ目となり、地道に研鑽を積み重ねてきた松之丞は14年の後半から興行関係者の目に留まり、16年ごろから人気がうなぎ登りになっていったことがわかる。そして17年からはラジオをはじめメディアの露出が増し、首都圏だけでなく、全国的にブレイクする。

「飛びガラスは、いまや飛ぶ鳥を落とす勢いとなった。

それが可能になったのも、松之丞がその時々の勝負にすべて勝ってきたからだ。ただし、二ツ目になったころはずっとずっと謙虚だったらしい。松之丞は言う。

「当時はもっと地道に頑張ろうと思っていたんです。『よし、僕もコツコツやって、講談を広めていこう』と殊勝な感じで。でも、やっていくうちに講談を広めるにも広められないほど、厳しい状況にあることを悟ったんです。だからもう、攻めるしかないと。僕だって、売れたいって口に出すのは野暮だってことは百も承知です。でも、講談は瀕死の状態にあるわけだから、野暮とか粋とか言ってる場合じゃなく、とにかく攻めないと守ることさえできないと思ったわけです。僭越だな、とは思いつつ、僕が旗振り役になってお客様に講談を聞いていただくしかないと、覚悟を決めたというか」

松之丞にとって、いくつか勝負の高座があったという。知恵を絞り、そして全力を傾けて挑んだ高座だ。

最初の大きな勝負は、初めてシブラクでトリを取った時である。

15年5月11日月曜日、シブラクは春風亭一之輔をヒザに、松之丞はトリを取った。

「このとき掛けたのは、今では封印している『グレーゾーン』です。シブラクはユーロライブという映画館でやっていることもあって、映像を使った演出も取り入れました。一之輔師匠を向こうに、ある意味、ゲリラ的な戦い方ですよ。僕としては劇場や話の特性を考えた演出をするのが好きなんです。初めてトリを取ったことで、そうした演出にチャレンジしてみたかった」

松之丞のこうした演出は後年、様々な場面で効果的に使われている。

イイノホールでの『宇都谷峠』では暗転して臨場感を高め、17年11月のまっちゃん祭での『淀五郎』では重要な場面で、実際に大向弥生会の堀越一寿氏に依頼し、「紀伊國屋！」と演出上の掛け声をかけてもらい、大成功を収めた。しかも、この時は普通の緞帳ではなく、国立演芸場の特性を生かし、歌舞伎の定式幕を引き、芝居小屋の情緒を甦らせた。

勝負どころでは、様々な仕掛けを用意し、演出効果を高める。二ツ目になって4年目、松之丞は見巧者である自分の財産を演出に生かしていた。

そしてもうひとつの勝負は、15年7月21日、木村万里さんがプロデュースし、夢空間が主催した「咲け咲け、はなし畑」の時である。

「僕にとって、『夢空間』という響きには特別な思い入れがあったんです。話芸の世界で生きようと思ったきっかけは、立川談志師匠を聴いてからです。その談志師匠は夢空間の高座によく上がられていた。だからこそ、自分も演芸の世界に足を踏み入れたからには、夢空間主催の独演会をやるというのが、成功の目印でした」

松之丞は早めに小屋に入り、どうやったら高座が映えるか徹底的に仕込みをした。

「『ここは負けられない』と思っていたんです。そしてその日は『宗悦殺し』を掛けた。完璧な準備をしたつもりです。自分にとって重要な日になるのが分かっていて、『見てろ、見てろよ』という思いは強かったですよ」

出来は、良かった。

この高座を見た夢空間の土屋社長が独演会を手掛けるようになったのは前述の通りである。

「あの一席がなければ、その後の展開は変わっていたでしょう」

松之丞は2015年、重要なふたつの戦（いくさ）で勝利を収めたのである。

月日が経つにつれ、客足は伸びる。固定のファンもつく。ただし、松之丞は自分だけが売れることを目的としていなかった。講談再興の旗振り役になることを、自ら引き受けた。

「誰からも頼まれていない、勝手な使命感に駆られたんです」

そして講談の本質的な魅力である「連続物」を自らの手で甦らせた。それが17年1月4日に始まった『畔倉重四郎』の六夜連続読みだった。

「六夜と謳いましたが、本当は五夜で完結できたんです。でも、六日間借りたほうが安かったので六夜にして（笑）。この連続読みが僕にとって貴重な経験になったのは、連続物の信頼性が実感できたことです。一時期は講釈師の間でさえ、『連続物はもう古い』という考えが支配的になり、端物が主流になっていたところに、ウチの師匠が一石を投じた。畔倉で手ごたえを感じたのは、

2018年7月23日から29日まで、7日間連続で銀座 博品館劇場にて開催された神田松之丞独演会「銀座7DAYS」の日替わりパンフレット。

読み終えてみてお客様との間に一体感と、高揚感が生まれたことです。これは、独演会では生まれるものではない。これは間違いない、講談の本質は連続物にあると確信しました」

二ツ目になって6年目の正月のことだった。すでにこの時期に、松之丞は天下取りの基盤を固めていた。

## ラジオを聴いたファンが、こぞって劇場に足を運ぶ。

そして17年の4月からはTBSラジオで『問わず語りの松之丞』が始まり、人気は次の段階へと移行する。松之丞はラジオの力が興行的な成功に結びついたことを実感している。

「ラジオがハネましたよね。いま、ラジオはいろいろな形態で聴かれるようになって、ラジコのアプリを使えば、全国のみなさんに番組を聴いていただくことができる。どんな形にせよ、番組を聞くには手間と覚悟がいるので、ラジオを聴いていただいた方が、劇場に足を運んでいただくケースがひじょうに多いんです」

そこからは、本当にアッという間だった。テレビをはじめ、メディアでの出演も一気に増えた。チケットが入手困難になった私の友人が、メッセージをくれた。

「応援するからには売れていただきたいのに、売れるたびに遠ざかる。そんなことはとうにわかっていたのに、今回はそれが早いこと早いこと……」

自分を取り巻く環境の変化を松之丞自身は、どう見ているのだろうか。

「想像していたよりも、みなさんに知っていただくスピードが速かったです。高座での成功はある程度、見えていました。こういう企画をこの小屋でやって、そうしたら次はこれ、という道筋はイメージ出来てましたからね。ただし、メディアの部分、ラジオのレギュラー番組を持ったり、爆笑問題さんの『サンデージャポン』に呼んでいただく、あるいは『報道ステーション』に生出演して講談の話をさせていただくようになるには、自分の力ではどうにもならないことで、想像することは難しいですよね。もしも、3年前に僕が『俺はサンジャポに出る!』とか言ってたら、頭おかしいですよね（笑）」

松之丞の真打昇進が発表されたのは、18年の暮れも押し迫ったころだった。落語芸術協会の理事会で承認され、発表の運びとなったが、メディアはこれまで香盤表に従って真打昇進を決めていた芸協が、松之丞の「抜擢」を決めたとして、大いにこの話題を取り上げた。

そのニュースが発表された夜、松之丞は新宿・紀伊國屋ホールで「スタンダップコメデ

2018年11月4日、よみうりホールで開催された11周年記念興行の「まっちゃんまつり」は、ゲストを迎えてキャパ1100人の昼夜公演となった。

ィ」の会に登場していた。

高座というホームグラウンドを離れての舞台ということもあり、いつもの着物姿ではなく、派手な衣装に身を包んだ松之丞は、ファンの前で真打昇進決定を報告し、最後は三本締めで舞台を降りた。この夜の紀伊國屋ホールは、新たな時代の到来を予感させた舞台だった。

それでも、その直後に話を聞いた時には、松之丞本人は真打昇進に関して極めて冷静に捉えていた。

「抜擢といっても、長い芸歴からみれば、わずかな時間の違いでしかないと思います。芸人というのは、目先のことを競っているのではなく、長いマラソンのようなものですから。後になって、あの時に抜擢されたからこそ、芸が伸びたと言われるようにしなければいけません。真打昇進はもちろんうれしいですよ。もしも、お預けを食っていたら、精神的に耐えられていたかどうか……。ただし、ここがゴールではありませんからね」

春になって、六代目神田伯山を襲名することが決まって、関係者はお披露目に向けての準備に入っていった。

その一方で、マスコミでの快進撃は続き、19年暮れの時点で、松之丞はテレビでレギュラー番組を抱えるようになっていた。テレビ朝日系列で放送されている滝沢カレンとのバラエティ『松之丞カレンの反省だ!』、そして爆笑問題の太田光と『太田松之丞　悩みに答えない毒舌相談室』の2本である。そしてTBSラジオで放送されている『問わず語りの松之丞』は引き続き人気を博している。

ラジオが、全国的な知名度アップのきっかけになったが、テレビでレギュラーを持つようになってからだろうか、地方での独演会もすぐに「完売」の二文字が記されるようになった。チケットの抽選でも外れることが多くなり、高倍率になっていることが推察される。

それにともなって、地方の大きな劇場でも存在感を示すことが増えた。19年はゴールデンウィークの京都・南座だけでなく、10月には大阪松竹座でも独演会を開いた。そして、年末の恒例になりつつある「講談漫遊記」も全国で完売が相次いだ。

高田馬場から始まった出世物語は、全国へと広がっていったのである。

## 新宿末廣亭の真打昇進披露興行は、過去に例を見ない特別なものに。

そしていよいよ、2020年2月11日、新宿末廣亭の2月中席で、松之丞は真打に昇進し、六代目神田伯山を襲名する。

お披露目の舞台となる新宿末廣亭の真山席亭は、六代目神田伯山誕生に大きな期待を寄せている。

「もう、彼自身のブランドはしっかりと確立されていますから、ここまで来たら、何をやってもいいですよ。好きにやっていくことで、また新しい何かが見えてくるんじゃないですか。最近は、落語ネタの『鮫講釈』をやったり、いろいろチャレンジして、常に立ち止まらず模索している」

松之丞は特別な人だけに、新宿末廣亭での真打昇進襲名披露興行も過去に例を見ない特別なものになりそうだ。

「とにかく〝異例づくし〟の興行になりそうですよ。2月中席は六代目神田伯山襲名披露の特別興行として昼夜入れ替えになります。真打昇進の披露目で特別興行になるのは本当に異例のことですし、状況を見ながら、他

# 先人たちに敬意を払い、自分なりの伯山を探す。

そして真山席亭はこう言い切る。

「いまや、松之丞は、芸協の〝宝物〟でしょう」

2月中席のあと、浅草演芸ホール、池袋演芸場、そして国立演芸場でのお披露目が予定されているが、新宿末廣亭では20年の12月中席で、六代目神田伯山のトリでの興行を予定しているという。

「これも異例です。ウチの場合は、真打に昇進してから1年以内にまたトリを取るってことはないんじゃないかな。六代目伯山には寄席の記録をどんどん塗り替えていってほしいですよ」

名跡は変わっても、「時代の寵児」として走り続けていくのは間違いないだろう。真山席亭は、これまでも春風亭小朝、春風亭昇太、柳家喬太郎、春風亭一之輔らが二ツ目から真打に昇進し、ブレイクスルーしていく様子を観察してきた。

「名前が変わったからといって、すぐに芸が変わるわけじゃないですよ。芸が上がるというのは、時間が必要なんです。それも5年、10年単位の話じゃない。彼の師匠である松鯉先生のように、70代を迎えて熟成していくもので、20年、30年先にどうなっているかが大切です。松之丞はいま36歳だけど、彼が50歳、60歳になったときにどうなっているのか。それが大事。きっと、良くなっているだろうと思いますよ。でも、私はいま69歳。どこまで聴けるかわからないけど、興味は尽きません」

真打昇進を控えた松之丞は、どう思っているのだろうか。話を聞くと、気負ったところは見られない。

「期待が大きいのは感じてはいますが、自分なりの伯山を作っていければいいのかなと思います。歌舞伎の役者さんを見ていても、襲名してからじっくりと、時間をかけて名前が馴染んでいく。そういうものだと思います。ただし、そのためには伯山として一所懸命にも準備しなければいけないことが出てくるかもしれません。どれだけお客さんが足を運んでくれるのか、本当に楽しみですよ」

真山席亭は、松之丞の躍進によって演芸界全体、そして落語芸術協会にも変化が表れてきたという。

「芸協の若手、本当に元気ですね。柳亭小痴楽の真打昇進もたいへんなにぎわいで、2階席を開放しましたから。最近は、松之丞が落語ネタをかけたり、落語家も講釈ネタを勉強するようになってきたり、落語と講談の相乗効果が出てきています。もともと、談志師は講談が好きだったし、そのおかげで松之丞も講談に触れたようだから相性はいいはずなんです。それにとどまらず、落語、講談に次いで浪曲の玉川太福にも注目が集まっています。若い人が〝節〟、つまり浪曲を聞くような時代になったのは、松之丞がいろいろな演芸の垣根を取っ払った影響はあるんじゃないですかね」

命高座を務めるしかないでしょう。先代の伯山たちには、『伯山は天一坊で蔵を建て』と言われるほど評判をとった『徳川天一坊』や『清水次郎長伝』など、それぞれが得意とした読物がありますが、そうした読物にも敬意を払いつつ、自分なりの伯山を探していきたいと思います。ただし、真打になれば、失敗は許されません。二ツ目のときのようにお客さまに甘えることもできませんから」

真打になってからの「ミッション」は、講談という演芸のジャンルの可能性を大きく広げることだろうと関係者は語る。

こうして興行面から松之丞のキャリアを振り返ってきたが、二ツ目にしてやりたいことはすべて達成してしまったのではないだろうか。

講談界でさえ古びていた連続物を復活させ、新春の恒例行事として定着。主だった東京の劇場を攻略しただけでなく、それが全国へと波及していった。

こうした活動には立川志の輔などの先例がある。自分のホームグラウンドを持ち、メディアで知名度が広がれば、その影響力はどんどん広がっていくのは想像がつく。

しかし、六代目神田伯山が模索していくのは、講談という古典芸能を新しいメディアとミックスさせていくことではないか。

たとえば、19年3月11日には東京・有楽町朝日ホールで「銀幕の松之丞」と題して、全国5カ所の映画館でライブビューイングを行った。このチャレンジングな独演会でたしかな手ごたえを感じたと松之丞は言う。

「どうやら、独演会の会場で見るよりも、映画館で見た方が良かったらしいです(笑)。なぜかというと、お客さまの講談を聞く環境として、映画館はとてもいいということです。シートもいいし、周りのお客さんが食べ物を食べたり、飲み物を飲んだりしても気にならない。なぜなら、そこは映画館だから。そして講談自体も、映画館の音響設備が素晴らしいので、話も理解しやすい。加えて、どの場面をどのカメラで撮影するかも綿密に打ち合わせしたんですが、やはり迫力もあったようで、ライブビューイングの試みは成功したと思います。またチャレンジしたいですね」

チケットが取りづらい状況になっている現在、ライブビューイングで講談を聞く機会が増えることは好ましいし、ファン層のさらなる拡大につながる可能性もある。

もちろん、ライブビューイングを定番化していくとなると解決しなければならない課題もある。たとえば、中入りの時間を取ることが難しくなるので、そのつなぎとなる演出が必要になってくるのだ。しかし、もともと見巧者である松之丞ならば、誰もが納得できる演出を発見するに違いない。

神田松之丞から、六代目神田伯山へ。

新しい冒険、新しい旅。

これからどんな講談、斬新な独演会が聞けるのか、楽しみで仕方がない。

新宿末廣亭の外観。2020年2月中席の松之丞改め六代目神田伯山の真打昇進披露は〝異例ずくめ〟の興行が予想される。

photograph by Renji Tachibana

# 神田松之丞の軌跡

**1983(昭和58)年6月4日**
東京都豊島区池袋に生まれる。本名、古舘克彦

**2007(平成19)年3月** 23歳
武蔵大学卒業

**2007(平成19)年10月30日** 24歳
神田松鯉に入門

**2011(平成23)年1月30日** 27歳
前座にして実質的な独演会「飛びガラスの会」スタート
▼トナカイ小麦店 12席

**2011(平成23)年6月4日** 28歳
松之丞百席スタート
▼らくごカフェ 50席

**2012(平成24)年6月** 29歳
二ツ目昇進

**2012(平成24)年7月** 29歳
二ツ目昇進披露の会「あかぎ寄席」
▼赤城神社 130席

**2013(平成25)年9月** 30歳
「成金」スタート

**2014(平成26)年11月** 31歳
「シブラク」スタート。12月に初出演

**2014(平成26)年11月24日** 31歳
「渦34」出演

**2014(平成26)年12月27日** 31歳
「大成金」開催
▼新宿文化センター小ホール 210席

**2015(平成27)年5月11日** 31歳
「シブラク」で初めてのトリ。演目は『グレーゾーン』
▼ユーロライブ 178席

**2015(平成27)年7月21日** 32歳
「咲け咲け、はなし畑(其の二)」(粋歌、鯉八、松之丞、笑二)
▼東京芸術劇場シアターウエスト 210席

**2015(平成27)年12月12日** 32歳
神田松之丞独演会「松之丞ひとり～夢成金(其の一)」
▼内幸町ホール 188席

**2016(平成28)年6月4日** 33歳
神田松之丞独演会「ひとり天保水滸伝」
▼紀尾井小ホール 250席×昼夜

- 2017(平成29)年1月4〜9日　33歳
  神田松之丞「新春連続読み『畔倉重四郎』完全通し公演」
  ▼レフカダ新宿　100席

- 2017(平成29)年8月26日　34歳
  神田松之丞独演会「松之丞ひとり〜夢成金（其の八）」
  ▼イイノホール　500席 ×昼夜

- 2017(平成29)年11月13日　34歳
  芸歴十周年記念「まっちゃん祭☆秋三夜」
  ▼国立演芸場　300席 ×3日間

- 2018(平成30)年7月23日　35歳
  松之丞連続講談ひとり「銀座7DAYS『天保水滸伝』と。」
  ▼銀座 博品館劇場　381席 ×7日間

- 2018(平成30)年11月4日　35歳
  まっちゃんまつり2018「day&night」
  ▼よみうりホール　1100席 ×昼夜

- 2019(平成31)年1月4〜14日（1月4日前夜祭、A日程5〜9日、B日程10〜14日）　35歳
  「新春連続読み『慶安太平記』完全通し公演2019」
  ▼あうるすぽっと　301席 ×5日間×2回

- 2019(平成31)年3月11日　35歳
  『神田松之丞 問わず語りの松之丞』presents「銀幕の松之丞」2019
  ▼有楽町朝日ホール　714席 ×昼夜（夜の部は全国5カ所の映画館で生中継）

- 2019(令和元)年5月3日　35歳
  京都ミライマツリ2019　音マツリ・OTOMATSURI
  「神田松之丞 講談会in南座」
  ▼南座　1082席

- 2019(令和元)年6月14日　36歳
  タイタンライブ
  ▼時事通信ホール　320席（全国TOHOシネマズ系の映画館20館で生中継）

- 2019(令和元)年10月14日　36歳
  まっちゃんまつり2019「神田松之丞 問わず語りの松之丞presents」
  ▼よみうりホール　1100席 ×昼夜

- 2019(令和元)年10月25日　36歳
  「神田松之丞講談会in大阪松竹座」
  ▼大阪松竹座　1033席

漫才師・タレント

# 太田光（爆笑問題）

# さらにうまくなれば、すごい怪物になる。

聞き手・九龍ジョー　構成・編集部　写真・橘 蓮二

――Ｐｅｎ＋『1冊まるごと、神田松之丞』では、タイミングが合わずお話を聞けなかったので、今回の書籍化ではぜひ、と思いまして。

**太田**　こんなとこ出てくるの、高田先生と俺しかいないでしょ（笑）

――松之丞さんも芸能界の後ろ盾は高田先生と太田のオジキだけだと常々言ってますね（笑）。出会った頃に、『慶安太平記』の音源を貸してほしいというやりとりがあったそうですが。

**太田**　『慶安太平記』を全部できるっていうからさ。俺は談志師匠の『慶安太平記』が大好きで、そこから講談をいろいろ聴いてたんだけど、講談って音源が少ないじゃないですか？　だからもっと聴きたいと思って、貸してくれって言ったんですよ。そしたら発売してるＣＤを寄越しやがって（笑）

――「宇都谷峠」と「箱根の惨劇」が収録されているＣＤですね。

**太田**　そう。そこは談志で聴いてるからいいんだよ。そうじゃなくて、俺は音源化されていない部分を聴きたいんですよ。だから吹き込んでくれって言ったら、「それはちょっと勘弁してください」って（笑）

――松之丞さんもある程度完成した芸で聴いてほしかったんじゃないですか。

**太田**　いや、こっちは別に芸を求めてるんじゃなくて、全体の筋を知りたいだけだから。テレビでさ、「松之丞がうまいって言うけど、談志の『慶安太平記』をみなさん聴いてみてください、ＣＤ出てますから」って言ったら、「それだけは言わないでください」だって（笑）

――最初に松之丞さんの講談をお聴きになった時の印象はどうでしたか。

**太田**　ＹｏｕＴｕｂｅに上がってるのとか

Hikari Ota

●1965年埼玉県生まれ。日本大学藝術学部演劇学科中退後、88年に田中裕二と「爆笑問題」を結成。デビューして30年が過ぎた今も２カ月に１度ライブの舞台に立つ。テレビのレギュラー番組に『サンデー・ジャポン』『爆報！ THEフライデー』（ともにTBSテレビ）、『太田松之丞』（テレビ朝日）など、ラジオのレギュラー番組に『JUNK 爆笑問題カーボーイ』（TBSラジオ）などがある。

で聴いたのかな。うまいと思いましたよ。講談って面白いんだけど、なかなか若手の男の講談師が出てこないなとも思ってて。だから松之丞を見たときは楽しみだなって思った。この先、伝統芸能の世界で、いずれは人間国宝になるような器だと思うし。講談を聴きたい人間にとっては、そういう人が出てきたのはうれしいかぎりだよね。

――松之丞さんは演芸の世界を志した原点として、常に談志体験を語っています。ただ、高座を観ることはできましたが、実際に会って話すことはなかったとのことです。生前、談志師匠とも深く交流のあった太田さんから見て、通じるところを感じることはありますか。

**太田**　まあ、DNAはあるんでしょうね。いま松之丞ってどのくらいの数の講談ができるんですか。

――150席は持っていると思います。

**太田**　そんなにできるの。それは凄いって思うよね。そこまで自分のものにするのは。俺はそんなの面倒くさくてやってらんないもん。漫才もやり捨てだから、こっちは（笑）

――最近、松之丞さんの生の高座を観られたことは？

**太田**　うちのライブに出てもらった時だね。

――タイタンライブでやった『中村仲蔵』ですね。観客の評判もかなりよかったですね。

**太田**　たっぷりやったからね。40分だっけ。見事だった。さんざん場末だなんだって言われたけどさ（笑）。でも、文句言えないよ。だって、あいつが出ることで、ビックリするぐらいチケットの売れ行きが違ったから。

――結果として、二の線の芸がお笑いのライブの中に入ると、すごく映えると思いました。

**太田**　うん、『中村仲蔵』をあれだけ魅せるのは凄いよ。ホント素晴らしかった。立川談志ですら、若い女の子は食いつかなかったわけじゃないですか。俺はそれをわからせたくて談志師匠とDVDを作ったことがあって。絶対この芸を観りゃ、女子高生でも談志の凄さはわかるだろうと思ったんだよ。

――『笑う超人』ですね。

**太田**　あれでも通じないというか、通じる云々の前に、まず観てもらえないからね。それが、うちのライブで若い子が松之丞の『中村仲蔵』に感動してましたからね。

――タイタンライブのあと、SNSに「中村仲蔵で泣いた」とか「圧倒された」と書かれているのを見て、時代が変わったなと思いました。

**太田**　単純にうれしいよね。ああ、やっぱりわかってはもらえるんだって。できれば、それをきっかけにさらに先にまで行ってほしいけど。でも、そういうのもタイミングがあるんだろうね。歌舞伎なんかも若い子に人気あるし。

――全般的に古典芸能に若い層の関心が向かっているのを感じますね。

**太田**　落語にだって面白い噺がたくさんあるわけで、深く入っていけばいくほど面白いもんな。そうやって、業界全体で盛り上がっていくのはいいと思う。

――爆笑問題のホームグラウンドに松之丞の講談を迎え入れてみて、どんな印象をお持ちになりました?

**太田**　すごく自信を持ってやってるよね。ここからさらにうまくなれば、本当にすごい怪物になるんじゃないですかね。講談って、長いスパンで考える世界で、何十年もかけて磨いていく芸だろうし。逆に言うと、講談のファンにとっては、自分が応援している松之丞が、10年先20年先にどんなことをやるんだろう、ということを楽しみにできるんだなって。ああ、なるほど、昔の人はこんなふうに講談を楽しんでたのかもしれない、っていうのも思ったよね。松之丞が出てきたことで、気づかされたというか。

――タレントや漫才師のピークの年齢に比べると、講談師の場合はピークがずっとうしろにありますものね。

**太田**　長い芸だよね。松之丞の芸がピークを迎える頃には、俺はおそらくこの世にいないんじゃないかっていう(笑)

――談志門下では、太田さんと同世代に談春師匠や志らく師匠がいて、やはり談志の強い影響で演芸の世界に飛び込んだ松之丞さんもいます。自分ももしそういう道を選んでいたら、という想像をすることはありますか?

**太田**　それはないかな。俺はテレビに出たい人だったから。落語や講談は好きだけど落語家や講談師になろうという気はなかった。本来は漫才もやるつもりなかったからね。ツービートがあって、漫才ブームがあって、たけしさんが漫才をきっかけにメディアにダーンと出ていって全部制覇していくのを見てたから、「あっ、この道があるのか」と思って漫才やっただけで。いまの時代、落語や伝統芸能的なものが、テレビ向きじゃなくなっちゃったし。

――たしかにそんな時代ですが、松之丞さんの場合、ラジオが人気の一端というのもあります。そのあたりはどう思われますか。

**太田**　本人も言ってるけど、あの番組って収録で、何度もやり直ししながら録ってるんでしょ?　そのへんはやっぱり講談師のやり方だと思うよね。起承転結があって、30分の中できちんとした物語になってたりする。

――30分番組ですけど、1回分の収録に数時間かけることもあるって言ってました。

**太田**　普通はもっといいかげんにやってるもんね。ラジオでもきちんとした構成をつくりたいんだろうな。それにつきあうスタッフもえらいよ。

――太田さんは全国各地のラジオ番組を聞かれていることを公言されています。その中で『問わず語り』はどのような位置ですか。

**太田**　ちょうどいいサイズだよね。毎回、外れがなくて、面白いし。この前、民放連の賞も受賞したよね（2019年日本民間放送連盟賞「ラジオエンターテインメント番組」優秀賞受賞）。あの番組で、ちゃんと「生命（いのち）」っていうタイトルがついてたから、笑っちゃったけどね。でも、あの回もホントよくできてた。

——初期の頃、『問わず語り』で松之丞さんが爆笑問題の悪口を言うたびに、『（JUNK爆笑問題）カーボーイ』でひとつひとつ拾って、打ち返していたのが印象に残りました。「ああ、太田さん、優しいな」って（笑）

**太田**　松之丞とのやりとりは面白いからね。基本的に自分のことを言われるのはうれしいんですよ（笑）。そこは乗っかんなきゃと思う。

——「お前の芸は凄いんだから、もっとちゃんとしろ」って、一見悪口に見せながら、ラジオリスナーに対して、「こいつはただ口が悪いだけじゃないんだぞ」っていうのを丁寧に説明されていましたね。

**太田**　リスナーにとっては、講談師ってよく知らないうえに、松之丞？　なんだこいつってことでしかないじゃないですか。だからそこは説明してあげないと、と思って。とは言っても、松之丞がラジオやテレビにどこまで重きを置いているかわからないし、そっちで活躍しなくてもいいやって感じが、あの面白さに繋がっているのかもしれないけどね。

——危険球のサジ加減が、それこそ太田さんが若い頃、通ってきた道を彷彿とさせます。

**太田**　たしかに（笑）。生意気っちゃあ、生意

気なんだけど、ギリギリのラインだよな。

――ギリギリどころか、たまにアウトの瞬間もありますけど（笑）。いま、芸能界でそういうスリルを感じさせる若手ってあまりいないですよね。

**太田** それはやっぱり、講談っていうものがあるからできることなんだろうね。メディアに干されたところで、どうってことないもん。

――松之丞さんに対して、太田さんが送ったアドバイスがよかったですね。「松之丞、お前は芸能界の地図を持ってない」っていう。

**太田** ホント嫌われてるからな、あいつ（笑）。でも別に嫌われようが何しようが、俺は面白いからさ。ラジオでも、誰彼かまわずいちゃもんつけるでしょ？ それは「なんだこいつ生意気に」ってなるよね。でも、ラジオで民放連の賞を受賞したり、そういうきっかけでガラッと変わることもあるから。そうなると生意気でも許されちゃう。いま、着実にそうなってきているんじゃないですか。

――メディアにも引っ張りだこですもんね。

**太田** 俺らも若い頃から時事ネタやって生意気だって言われたけど、年齢を重ねていくうちに、何言ってもいい感じになってきたからね。松之丞もこれからじゃないかな。生意気だって意見は、今後もあるだろうけど。

――太田さんが指摘した、高田先生に対する立場の違いも面白いですね。高田先生にとって太田さんや志らく師匠は息子だけど、松之丞さんは孫だから、何をやっても許される、と。

**太田** ホントそう（笑）。俺らの世代だったら、お前、絶対怒られてるぞって。

――テレビでは『太田松之丞』でレギュラー共演されています。太田さんから見て、テレビでの松之丞さんはどう映っていますか。

**太田** どうだろう。やっぱり、古いこともよく知ってるよね。講談はもちろんのこと、歴史的なものに関しても詳しいし、芸能史についての知識もある。普通あの世代の人間が知らないようなことでも話せるから、そのへんは強みになってるよね。で、知らないことは素直に、「あれはどうなんですか」って聞いてくるし。ただ、女子アナはあいつの凄さにまだピンときてない（笑）

――「コイツは将来、人間国宝になるかもしれないんだぞ！」ってわざわざ太田さんが説明した回もありましたね（笑）。まもなく真打になって六代目神田伯山を襲名しますが、期待することはありますか。

**太田** 松之丞みたいな人が出てくると、講談師を目指そうって人も当然出てくるでしょう。講談師の口調って、今でもそれほど違和感なく聞けるからいいと思うんですよ。落語だと、今の若い落語家が「その道まっつぐ行って、しだり曲がって」って喋っても、お前、普段そんな喋り方しないだろう？ って思ってしまうことがあるんです。しかもこっちは志ん生・文楽・圓生の喋りにも馴染んでいるから、どうしても比べてしまう。その点、講談はそういった雑念を抜きにして聴けるんですよ。

――そういえば、真打昇進&伯山襲名の口上書きはもう書かれたんですか？

**太田** 書きました。えらく早いんだもん、締切が。こっちはライブ感でやってるからさ、ネタはちょっと古くなるかもしれないと思いながら書いたよ。

――でも、2020年2月ですから、すぐと言えば、すぐですよね。

**太田** 大丈夫。カッコ何年何月何日現在ってつけといたから（笑）

# 口上

先生
この度は真打昇進 そして伯山襲名 まことに おめでとうございます
並びに昇太さん会長就任御結婚おめでとうございます
よろしくお伝えください
先生 私は以前から貴方はいつの日か かならずや人間国宝になられると確信しております ただその頃は 私も高田先生もこの世にはいないので 貴方の味方はゼロです
敵だらけの中で厳しいでしょうが せいぜい一人でがんばってください

（2019年6月30日現在）

爆笑問題 太田 光

# これは歴史に残る本になる、と最初から思っていた

文・杉江松恋（文芸評論家・書評家・作家）

Mckoy Sugie

●1968年生まれ。『絶滅危惧職、講談師を生きる』（新潮社）にて聞き書き役を務める。著書に『桃月庵白酒と落語十三夜』（KADOKAWA）など。

「落研に入ること自体が既にプロの考えじゃない、と当時の僕は勝手に思ってました。こんなに前で聴くことができる大事な時間にもかかわらず、自分がやってどうするんだよ、自分でやることなんて後でいくらでもできるでしょう、と」

この言葉を聴いたとき、胸の中で、デキた、と呟いていた。

『絶滅危惧職、講談師を生きる』、第一回インタビューのときであったと記憶している。当時はまだ神田松之丞ではなかった青年が、プロの芸人になる前に観客としてあらゆる芸を「前で」聴いて、吸収しようと心に決める場面だ。

デキた、というのは、ものになるな、ということである。

『絶滅危惧職、講談師を生きる』を読んでいただければわかるのだが、松之丞は出せる部分はすべて出すということで、初回からあけすけに話をしている。幼少期に父を亡くしたという体験についても、ばらばらになった端切れを縫い合わせるようにして記憶を復元してくれた。「その人」に関心を持ってもらう、ヒューマン・インタレスティングの文章としては百二十点の出だしである。

しかし、私の胸のつぼを押したのは、冒頭に掲げたこの言葉なのだった。

前で聴くことができる大事な時間。

聴いた瞬間、ぱっと脳裏に閃いたのは、立川談春『赤めだか』（扶桑社文庫）である。

「[……]次に扇子だが、座布団の前に並行に置け。結界と云ってな、扇子より座布団側が芸人、演者の世界、向こう側が観客の世界だ。観客が演者の世界に入ってくることは決して許さないんだ[……]」

『赤めだか』第三章、立川談志が、談春少年に初めて稽古をつけてくれる場面だ。芸人と観客の間には結界があり、越境することは許されない。その心構えを談志は教えているのである。

松之丞が意識したのは、まさにこの掟ではないか。違いは、しろうとである古舘青年が結界を「前から」見ているのに対し、談志と談春がその向こう側にいるということだけだ。

ああ、同じだ。そう思った瞬間、神田松之丞の語りが芸談として目の前に立ち上がってくるのを感じたのだった。デキた、というのはそういうことである。

その言葉の後段で松之丞は、「あのときの自分だったらどう思うか」を芸の絶対基準にすると語っている。「お客さんとしての時代が長ければ長いほど良い芸人になれる気」がする、と。それを聴いたとき、つながったぞ、と当人に見えないように卓の下で拳を握りしめた。インタビューアの冥利に尽きる瞬間である。よし、このくだりは活かそう、と瞬時に決めた。

神田松之丞という、今評判になりつつある若手講談師の半生記を本にするので、聞き書き役を務めてもらえませんか。

編集者からその依頼を貰ったのは、単行本が世に出る前年、二〇一六年の春頃であった。その前年くらいから、すでに演芸ファンの間では神田松之丞という名前は知れ渡っていた。まだ内々の評判であり、その証拠に松之丞の出演する「成金」も、当日ミュージック・テイト西新宿店にぶらりと行っても入ることができた。売れているといっても、そのくらいである。

しかし、その上にすぐ行くだろう、という雰囲気はあった。ベテランの芸人にお会いすると、どうなの松之丞は、とか、松鯉先生も早く真打にしてやればいいんだよな、といった噂話をしきりにするのである。つまり、気にしているのだ。これは、と私も思うところがあった。その芸人の本に自分が携わることまでは予想できなかったが。

「前から」ではなく、実際に会って話したのはインタビューが最初である。というより、インタビューを合計十数時間した以外は、他の場所で会ったことはない。本のためのイベントで対談をしたのは、例外中の例外だ。プロの芸人に対して自分ができる貢献は本を作る手伝いをするだけで、それが終われば赤の他人もいいところである。用もないのに金魚の糞のようにくっついていくのは、禁忌の結界破りに他ならないではないか。

「杉江さんは僕の講談をそんなに聴いてはいないんですね」

初回だったか、松之丞にそう言われている。これは詰って言ったのではなくて、事実確認だ。私の方から、自分は講談についてはしろうと同然だ、と白状したのである。読みやすい文章を書く能力だけは少し自信があるので、それでよければ一緒に本を作らせてほしい、というようなことを言って納得してもらった記憶がある。こちらはその方面の専門家だから、あなたをプロとして尊敬して書きます、と表明して本作りは始まった。

これは本人に伝えていないかもしれないのだが、私は最初から、『絶滅危惧職、講談師を生きる』は講談の基本図書になると思っていた。昭和の講談界について語る人が一龍斎貞鳳『講談師ただいま24人』（朝日新聞社）に触れないわけにはいかないように、いや、それ以上の本になるだろうという確信があった。二十年後には小澤征爾『ボクの音楽武者修行』（新潮文庫）くらいには読まれる本になっているはずだろうと。

だから単なるサクセスストーリーではなくて、芸談の本になってもらいたかったのである。神田松之丞、二〇二〇年二月には六代目伯山となる講談師が、どのような研鑽を積んだか、どのようにして雌伏の日々を過ごしたか、それを集約しなければならない。本を読んだ人が講談師を志すのが最も美しいが、そうではなくて別の世界で身を立てるための心の支えになってもかまわない。松之丞＝伯山が体現しているものに憧れてくれればそれでいい。デキた、と胸中で呟いたとき、勝算は九分九厘立っていた。

本が文庫になり、二〇一九年十一月六日にその記念講談会があった。私もゲストで呼ばれて新宿の紀伊國屋ホールで松之丞と対談をしたのである。

楽屋から舞台に向かう途中のエレベーターで、二年ぶりくらいで会った松之丞に聞かれた。

「本が文庫になるってそんなに凄いことなんですかね」

そうですよ、単行本よりは絶対に部数も出ますから、と下世話な答えを返すと、まったく出版界の人ではない松之丞は、そんなものですか、とピンとこない顔をしている。それはそうだろう。文庫の初版部数の、何十倍もの講談に関心がない人を、これから自分の芸で振り向かせようとしているのだから。

なら、いきなり百万部刷ってくれよ、とでも思っていたのではないか。

壇上でも同じ話題になったので、今度はこう答えた。

そりゃそうですよ。だって新潮文庫の100冊に入るかもしれないでしょ。中学生が『絶滅危惧職、講談師を生きる』で夏の読書感想文を書くかもしれないんですよ。

観客はどっと沸いた。あはは、でも、ギャグじゃなくてあれは本音であった。

きっとそういう日がくる。まだ何者でもないということにもがき苦しんでいる若者が、六代目神田伯山が語る若き日々を読んで胸に勇気の心を持つ日が。私にはわかるのだ。

illustration by Satoshi Maruyama

講談師 神田松之丞 新春連続読み

# 「畔倉重四郎」完全通し公演2020の5日間に密着。

写真・橘 蓮二

2020年1月、「畔倉重四郎」(全19席)の完全通し公演が、池袋のあうするぽっとで開催された。邪魔者を次々に殺していく稀代の悪人の物語。A日程の5日間に演芸写真家の橘 蓮二が密着。

企画制作:あうるすぽっと、冬夏株式会社
主催:あうるすぽっと(公益財団法人としま未来文化財団)/豊島区

重四郎の奸計にはまった父の無罪を訴える座頭の城富に、「真犯人を見つけたら、この首をやる」と大岡越前守が誓う。

# 初日

「悪事の馴れ初め」（一話目）
「穀屋平兵衛殺害の事」（二話目）
「城富歎訴」（三話目）
「越前の首」（四話目）

初日の前半では、重四郎が悪に染まるきっかけが語られ、後半では、父の汚名をそそぎたい城富と大岡越前守が対峙する。

# 二日目

「金兵衛殺し」（五話目）
「栗橋の焼き場殺し」（六話目）
「大黒屋婿入り」（七話目）
「三五郎の再会」（八話目）

賭場に入り浸る重四郎が、遊ぶ金ほしさに栗橋の貸元・鎌倉屋金兵衛を殺害。重四郎を匿う熊坊主がお経をあげる。

二日目の前半では、邪魔者を殺しまくる重四郎だが、後半では、旅籠屋の主人、大黒屋重兵衛となり、善人を装う。

# 三日目

「三五郎殺し」（九話目）
「おふみの告白」（十話目）
「城富奉行所乗り込み」（十一話目）
「重四郎召し捕り」（十二話目）

重四郎は、金の無心ばかりする兄弟分の三五郎を誘い出し、雨中の鈴ヶ森で「ええいっ」と刀を一閃する。

旅籠屋の女中おふみが重兵衛こと重四郎の正体に気づき、城富が奉行所に訴え出る。大乱闘の末、重四郎はお縄に。

# 四日目

「おふみ重四郎白洲の対決」（十三話目）
「白石の働き」（十四話目）
「奇妙院登場」（十五話目）

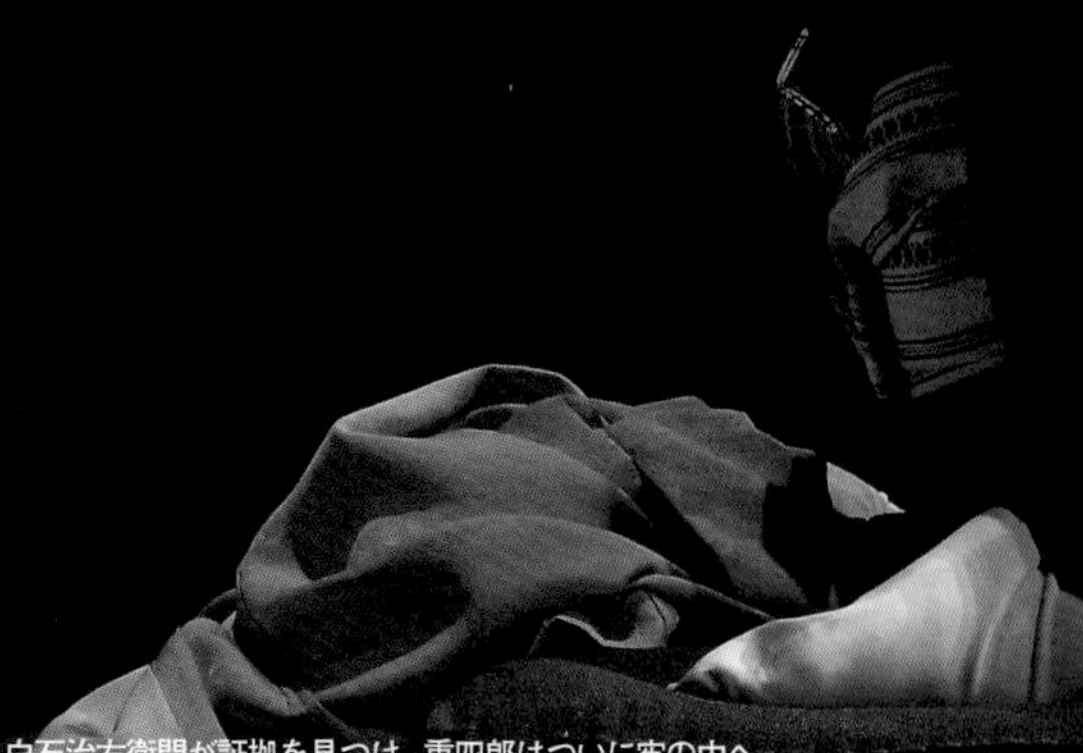

おふみと重四郎が奉行所の白洲で対決。越前の懐刀、白石治右衛門が証拠を見つけ、重四郎はついに牢の中へ。

# 千穐楽

「奇妙院の悪事（上）」（十六話目）
「奇妙院の悪事（下）」（十七話目）
「牢屋敷炎上」（十八話目）
「重四郎服罪」（十九話目）

奇妙院という小悪党を牢内で手懐け、火事のなか逃げ出した重四郎。だが再び捕まり、越前の前で最後の啖呵を切る。

# 孤独と向き合い、芸と向き合う。

演芸写真家・橘 蓮二

Renji Tachibana

●1961年埼玉県生まれ。95年より演芸写真家として活動。2015年より落語会の企画・プロデュースも行う。2019年Pen＋『蓮二のレンズ』刊行。著書に『本日の高座』（講談社）など多数。

連夜詰めかけた観客は、鑑賞者ではなく当事者になった。

演芸写真を撮り始めて25年、幾多の超一流の語り手たちの描写力で別世界に誘われたことは数々あれど、『畔倉重四郎』で体感した高座はそれまで経験したことがない異空間であった。通常は登場人物が語り出すとカットイン、地の喋りになるとカットバックと次々に脳内の場面が切り替わり、重層的にイメージが連なっていくが、今公演では松之丞さんの一声が空気に触れた瞬間、意識は距離を持って観る者ではなく、その世界に"居る"者としてストーリーの中に放り込まれていた。

次々と惨殺を繰り返しながら、

「不思議だよな、皆消えちまった」

と嘯く重四郎の表情や、傍らにいる兄弟分 三五郎の戸惑い、焼いた骸を棄てたどす黒い夜の川の流れ、奇妙院が火付けをする直前に吹いていた"ならい"という西北の風、そしてクライマックス、白洲で犯してきた悪行を陶酔しながら咆哮する重四郎を見る大岡越前の憐れみの眼差し。

温度も湿度も音や臭いまでが皮膚から身体の奥深くまで浸透していった。全話に通底する生と死と欲が同時に混在しながら現世で繰り広げられる人間の業の凄まじさが、言葉の密度、空間的配置、劇性が魅惑的に昇華された究極の高座だった。

公演期間中、松之丞さんは他の仕事は入れず昼過ぎには楽屋入りしていた。本番に向けその日高座にかける読み物をさらい、時に身体を休ませ集中を高めていった。ひとり楽屋に籠り、誰とも会わず誰とも話さない。数時間後に訪れる期待という名の重圧に向き合い続ける姿は、威厳ある静けさを纏っていた。外側に行けば行くほど大きく回転する独楽の中心は微動だにせず屹立しているように、周囲が跳ねるような盛り上がりを見せるほど、その只中に居る松之丞さんの鋼のようなストイックさは強度を増しながら刻々と己を研ぎ澄ましていく。

神田松之丞として最後の連続読みを撮影し終えて想う。徒党を組まねば事を成せない者など所詮偽者、真の表現者であれば決してひとりを恐れてはならない。稀代の講談師 神田松之丞改め六代目神田伯山は、日々証明を続ける。

熱狂は常に孤独の向こう側にあると。

# 講談における、ダークヒーローの存在。

講談の世界には、どんなダークヒーローがいるのか。
村井長庵、畔倉重四郎、徳川天一坊といった江戸の三悪人の物語を、
その背景を含めてわかりやすく解説する。

文・生島 淳 （2018年9月執筆）

photograph by Osamu Kurihara

いま、人気の講談師、神田松之丞は「江戸の悪」を21世紀に甦らせている。

表現の世界でもコンプライアンスを遵守する時代にあって、映画、ドラマでは残虐なシーンや差別的な表現は規制されている。人権意識が高まっているのは社会としての進化であり、表現の自由が抑制されるのはやむを得ない。

一方で、はるか昔に作られた悪人の物語は残虐にして非道、モラルなんぞは一切持ち合わせていない悪党が跳梁跋扈する。しかもそれが……面白い。

## 悪人が最後にどうなるのか、誰しも興味を惹かれる。

人間はなぜ、ダークヒーローを欲するのか。松之丞はこう語る。

「表現手段こそ違え、いまも悪人がどうなるのかというのは、ワイドショーでは大きく取り上げられますよね。悪人が取っ捕まり、どんな末期をたどるのか。それは古今東西、人間が興味を惹かれるものなんでしょう」

講談の読み物の中で、松之丞が意欲的に取り組んでいるのが「大岡三政談」と呼ばれる物語だ。彼の高座を聞きこんでいる人なら、一度はこんな台詞を聞いたことがあるだろう。

「大岡越前守が『あの三人は八つ裂きにして余りある』といった三人がおりました」

テレビドラマでもおなじみの大岡越前が裁いた三人とは、村井長庵、畔倉重四郎、そして徳川天一坊である。松之丞は、長庵、畔倉を数日かけて通しで読み、観客を虜にした。

「講談には4500を超える読み物がありますが、特に畔倉重四郎には『悪人の美学』があふれていると思います。恩人でさえも簡単に殺し、その罪を他人になすりつけ、邪魔者が現れれば躊躇なく殺す。反省なんかせず、徹頭徹尾悪人のままです」

松之丞が畔倉を読むとき、殺人の場面は凄絶を極める。松之丞が「ええぃっ!」と刀を振り下ろすと、劇場の空気がピンと張りつめ、荒廃したモラルの世界に観客は魅了されていく。

「悪人の話を連続物で読んでいくと、面白い現象が起きるんです。2017年のお正月に、畔倉をキャパ100人にも満たない小屋で読んだとき、話が進むにつれて、お客様が畔倉にシンパシーを覚えていくようになっていったんです。大捕り物でつかまると、みんなが『ああ、捕まっちゃった……』と失望しているのが分かるんです(笑)」

また、松之丞は『村井長庵』の中で悪人を生む時代の闇を描く。

「第三話に『雨夜の裏田圃』という話があります。金のために女を殺す男がいる。殺しの最中に雨が降ってくると、一瞬、雨に気を取られる。その場面では、いつも江戸の閉塞感を感じます。厳しい身分制度の中で、自分には上がり目はない。それなら、なすがままにやってやろうという空気が感じられて」

## 面白さは折り紙付きの、幕府転覆を狙う物語。

松之丞は江戸の「影」を浮かび上がらせるが、忘れてならないのは、そこに揺るぎない「面白さ」があることだ。特に、いま取り組んでいる『徳川天一坊』は、神田派では最高の読み物とされる。

「徳川天一坊は全20話ありますが、幕府転覆を狙うというスケールの大きな話で、一話一話の完成度が高いんです。かの江戸川乱歩が『これはミステリーとしても超一流だ』と語ったといいますから、面白さは折り紙付きです」

11月4日、松之丞は一門の師匠たちと、この『徳川天一坊』をよみうりホールで読む。
「師匠の松鯉、一門の阿久鯉、そして愛山先生と『天一坊の生い立ち』から、『越前登場』までを四人で読みます。講談の魅力を大勢のお客様の前でお伝えして、そして読む人によってこんなにも演出が違うのか、そういったあたりを"発見"していただけたらうれしいですね」

光は、影を必要とする。除菌された21世紀に、神田松之丞は悪人の物語を読み、江戸の影を浮かび上がらせているのだ。

photograph by Renji Tachibana

冷酷無比な医者が主人公の『村井長庵』を読む神田松之丞。六代目神田伯龍の『村井長庵』の第三話「雨夜の裏田圃」を聞いて、松之丞は講談師になろうと決意した。罪のない女を殺したあと、男が雨に気づくシーンに、どうしようもない江戸の閉塞感を感じるという。

映画プロデューサー
# 鈴木敏夫（スタジオジブリ）

# 媚びることなく、凛としてほしい。

聞き手・九龍ジョー　構成・編集部　写真・橘 蓮二

――鈴木さんが「松之丞はいい」って口にされた時期は、早かったですよね。

**鈴木**　4、5年前に演芸好きの友だちが、「松之丞が面白いよ」と独演会に誘ってくれて。亀有かな、そこで聴いたのが最初ですね。魅了されて、しばらく追っかけるというか。途中からチケットが取れなくなっちゃったけど。

――最初に聴かれた演目は何でしたか?

**鈴木**　それが運が良かったんでしょうけど、『天保水滸伝』の連続読みだったんですよ。

――物語の中の笹川繁蔵や飯岡助五郎の世代が今の松之丞さんと近くて、よりドキュメンタリー的な面白さがありますよね。

**鈴木**　ホント面白かった。それで、共同通信に連載をもってるので、すぐに書いたの。

――もともと演芸がお好きだと思いますが、松之丞さん以前に講談を聴かれたことは?

**鈴木**　好きですけど、そんなにいろいろ聴いてきたわけではないんですよ。僕は名古屋でしたので、演芸を生で観るというよりは、テレビを通して見てました。あの頃は、落語、講談、浪曲がそれぞれはっきり分かれていた気がします。子どもの頃はどちらかというと浪曲の広沢虎造とかに夢中でした。講談の記憶だと一龍斎貞鳳。この人がNHKでやっているのを見たのが、唯一の講談体験ですね。

――上京してからはいかがですか。

**鈴木**　上京していちばん最初に行ったのが、寄席なんです。当時、人形町に通いましたよ。18歳の時。柳家小せん（四代目）とか、それから『源平盛衰記』やってた桂伸治（二代目、のちの十代目桂文治）とか。ああいう人たちを結構観てましたね。それから、なんといっても大きかったのが、若き古今亭志ん朝ですよね。亡くなるまでずっと追っかけていました。たしか浅草で聴いたのが最後かな。

**Toshio Suzuki**

●1948年愛知県生まれ。慶應義塾大学文学部卒業後、徳間書店に入社。『アニメージュ』編集長などを経てスタジオジブリに移籍、映画プロデューサーとなる。プロデュース作品に『おもひでぽろぽろ』『平成狸合戦ぽんぽこ』『紅の豚』『もののけ姫』『千と千尋の神隠し』『崖の上のポニョ』『風立ちぬ』など多数。2007年から『鈴木敏夫のジブリ汗まみれ』（TOKYO FM他、全国38局ネット）でパーソナリティを務める。

――志ん朝師匠といえば、『平成狸合戦ぽんぽこ』でナレーターを担当しています。今回、松之丞さんの真打昇進にあたってジブリから贈られた祝幕（いわいまく）も同作がもとになっていますね。豪華で、かつ貴重なことなのではないかと思います、ジブリの祝幕というのも。

**鈴木**　松之丞さんで2度目ですね。最初は歌舞伎で、丑之助さんの初舞台で。

――ああ、そうでした。今年（2019年）5月の尾上菊之助さんの息子さんである寺嶋和史くんの七代目丑之助襲名でしたね。あちらは牛若丸の演目にちなんだものでした。今回、『平成狸合戦ぽんぽこ』になったのは？

**鈴木**　松之丞さんからのリクエストですね。間に誰か入れることもなく、本人から電話をいただいて。その電話がね、よかったですよ。祝幕って本来こちらからお祝いとして贈るものですけど、注文がいろいろあって（笑）

――スタジオジブリに注文を（笑）

**鈴木**　松之丞さんのそういうところが好きなんです。基本的に無愛想な芸人が好きなんですよね。僕は松之丞さんの独演会に行っても楽屋を訪ねたりしないんですけど、ある会でどうしても顔を出さないといけない時があって。そうしたら、高座の内容に思うところがあったのか、随分と憮然とした表情でね。ホントそれがいい感じでしたよ。口数も少なくて。

――松之丞さんぐらい若い芸人を追いかけるのは、志ん朝師匠以来になりますか。

**鈴木**　小三治さんにも映画（『ホーホケキョとなりの山田くん』）で声をやってもらったり、志の輔さんのパルコの公演も通ったりしてますけど、松之丞さんぐらいのポジションとなると、久しぶりかもしれないですね。新しい人が出てくるのは、いつでも面白いですよ。

――松之丞さんの高座で、現時点で印象に残っているものはありますか。

**鈴木**　やはり最初に聴いた『天保水滸伝』が

強烈でした。何席か通しでやる回で、笹川繁蔵がヤクザになる前から始めて、抗争があって、平手造酒の最期が壮絶で、さらにそのあともある。連続物って面白いですね。「どうなるんだろう?」ってドキドキしながら聴いた覚えがありますよ。最後は心の底から拍手しました。あの『天保水滸伝』が強烈すぎて、ほかの演目は覚えてないんですよね。

——それぐらい強烈な印象だったと。

**鈴木**　宮本武蔵とか怪談とか義士伝とか、松之丞さんの講談をそれなりに聴いているんですけれど、最初に体験したあの『天保水滸伝』の衝撃はなかなか超えられないですね。

——鈴木さんは、松之丞さんの緊張感や迫力がお好きなように見受けられます。

**鈴木**　ええ、好きですね。でも最近、彼に面白さを期待するお客さんが増えてきて、公演でも笑いが求められるようになってますよね。すると、ちょっとしたことで笑いが起こるんです。僕にとってはそれが気になってしょうがない。お客さんの反応は変わっていくものだから、仕方ないですけど。

——その間の、松之丞さん側の変化はどうご覧になっていますか?

**鈴木**　お客さんの反応を打ち消すために間を短くしてるっていうのかな、そんなことが起きてる気はしますね。以前はもっと間をたっぷりとって読んでいたような。

——鈴木さんはお仕事を通していろんな方たちの「声」を聞いてこられたと思いますが、改めて松之丞さんの「声」はいかがしょうか。

**鈴木**　声、いいですよね。安定していますし。話芸だから当たり前ですけど、疲れていてもちゃんと声が出る人って、少ないんですよ。

——すごく多忙でも、声は出てますものね。

**鈴木**　いったいどんな声帯をしているんだろうと思いますね(笑)。ひとりで連続物を読むのには持ってこいだと思います。

——ドラマでも映画でもシリーズ物で話が繋がっていたり、長時間の物語が増えています。すると講談の連続物にも、多くの可能性があるように思えます、そのあたり、プロデューサーの視点からはいかがでしょうか?

**鈴木**　そこは講談だろうが、落語だろうが、浪曲だろうが、結局は「誰がやるか」なんですよね。だから、講談がというよりは、やはり松之丞っていう人に可能性を感じるわけですよ。しかも、これだけ売った「松之丞」という名前をいったんゼロにして、「伯山」になるわけでしょ? 面白いよなあ。昔の大人って斜に構えて素直じゃないんですよ。そういうものを彼からも感じました。最初にお会いしたときも、ニコリともしなかったし、ぜひそれを貫いてほしいと思うんです。口上にも書いたんですよ。真打のお披露目で、嬉しそうな表情をまったく見せない顔が目に浮かぶって(笑)

——浮かびますね(笑)

**鈴木**　「笑わないようにします」って返事が来ましたよ(笑)。それってサービス精神がないかもしれないけど、逆なんですよね。客にサービスなんてしてないように見せてくれるのが、実はいちばんのサービスだから。

——わかります。実際、松之丞さんにそういう緊迫感とかストイックさを望んでいる方は多いと思います。

**鈴木**　ですよね。媚びるのはつまらないですよ。媚びないでほしい。それが魅力だから。

——愛想をよくしないでほしい、と。

**鈴木**　そう。愛想がいい人なんていくらでもいるんだから。伯山になっても、いつまでも凛としていてほしいですね。

# 口上

ぼくらが子どもの頃 大人というのはすべからく斜に構えて素直じゃ無かった 大人とはそういうものだった そして そういう大人たちに鍛えられて ぼくらは大人になった
昨今はどうか？ 偏屈じゃ無い大人たちが跋扈している
だから 世の中がつまらなくなった そんな時代に 松之丞は颯爽と登場した
はじめて松之丞の高座に接したときの興奮をぼくは忘れない 身体が打ち震えた その人を食った語り口に ぼくはたちまち魅了された
松之丞は話芸の世界に本当に久しぶりに現れた大人らしい大人だった 今回 伯山を襲名する真打のご披露で 嬉しそうな表情を全く見せない彼の顔が目に浮かぶ
ぼくの近くにいい見本がいる 宮崎駿だ 彼が斜に構えず素直になるのは 作品を作るときだけ そして 功成り名を遂げたはずなのに 彼に充足の日々は無い すべては過去のことだ
ひとつの話芸が世界を変えることがある ひとつの話芸で 世の中をひっくり返して欲しい
これはぼくのみならず 松之丞改め 伯山ファンの切なる願いだ

スタジオジブリ

鈴木　敏夫

Essay 3
エッセイ

# 降りはじめた雨は、やみそうにない

文・内堀 弘（古書店主）

『雨のことば辞典』（講談社）という本で「七つ下がり（午後四時過ぎ）の雨と四十過ぎの道楽はやまぬ」という諺を知った。それぐらいからはじまるものは、いよいよ滋味深いということらしい。私はもう六十歳を過ぎているので、たいていのものはそろそろやむ時分と思っていた。ところが、そのあたりから降りはじめる雨もあって、文字通り「にわか」かもしれないが、日暮れて初めて出会うものがあるのは、嬉しいことだった。

二〇一八年の秋、練馬文化センターの小ホールで初めて神田松之丞の独演会を聴くことができた。よく行く寄席や落語会とは会場の雰囲気がずいぶん違っていて、若い（それも情報感度の高そうな）人が多いし、いくらかお歳の方々は、みな講談を長く聴いてきたベテランに見える。「弱っちゃったね。最近妙に混むんだよ」なんていう声も聞こえてきそうだ。そんな会場で、「面白そうだから来てみました」という安直さは身を縮めるばかりだが、はじまればそうでもない。張扇で釈台を叩き、その音がパシッと響くと、まるで結界が張られたように、そこが江戸の芝居小屋にも、街道の宿場にもなる。大きな声、大げさな身振り、吐息のような科白、見落としてしま

**Hiroshi Uchibori**

●1954年生まれ。近代詩歌専門の古書店「石神井書林」を営む。著書に『石神井書林日録』『古本の時間』（ともに晶文社）、『ボン書店の幻』（ちくま文庫）など。

いそうな細やかな仕草。「講釈師、見てきたような嘘をつき」というけれど、嘘の構成力が半端でない。天性の大嘘つきに出会ったのか。初心者もベテランも、あっという間に持っていかれる。実は、こういうのが前から好きだった。

私はふと、昔から観ているテントの芝居を思い出した。その昔、「風の旅団」とか「驪団（りだん）」を名乗る一党が現れて、取り残されたような空き地や神社の境内にテントを建てた。歎きの天使が夜空に歌い、ならず者の講釈師がこの世の果てを語る。そんな芝居を私は追いかけるように観た。雨が降れば雨音が、風の強い日はテントがバタバタと鳴った。だから、役者たちは絞り出すような大きな声で、時に独特の区切りで科白を発した。それをこの人たちのスタイルなのかと思っていたが、町の辻や、祭りの喧騒の境内で、それでも客の耳目を留めようとした語り芸が源流だったのかと、そのとき思った。

その日、初めて聴いた松之丞の一席目は『中村仲蔵』だった。落語ではよく聴いた。好きな話だ。家柄のない仲蔵は、『仮名手本忠臣蔵』の晴れの舞台で端役（斧定九郎）しか振られない。それを全く新しいスタイルに書き換えて舞台に臨む。だが、客席からは何の反応もない。水を打った静けさだ。「しくじった」、そう思った仲蔵が死地を探すように江戸を離れようとすると、雑踏の中から芝居を見終わった観客衆の評判が聞こえてくる。「今日の定九郎は凄かった」「本当にいいものを観ると声もでなくなる」。仲蔵が心の中で手を合わせる。今まで聴いてきた落語では、このあと仲蔵は親方のところに戻り、出来を誉められ、劇場の皆からも賛辞を受ける。ところが、その日の『中村仲蔵』では、仲蔵が親方のところに戻る描写はない。雑踏の中からの声を聞き、明日もう一度舞台に立とうと思い直す。そして、また新しい定九郎で登場する。だが客席は静まりかえっている。短い間があって「堺屋！」「日本一！」の声が飛ぶ。その後の怒濤のような歓声が聞こえるようだ。大げさに言えば、前者では正義が仲蔵の外側にあるが、後者では正義は仲蔵の内側にある。

何年か前、東京を処払いになったテント芝居の一党が、三重県の山峡の町で公演することになった。近くの駅からバスで小一時間ほど入る山の奥の町に私も出かけた。鎮守の森にテントの劇場が現れて、そこに近くの中学の体操着を着た子供たちや、その家族が集まっていた。客同士があちこちで挨拶をしている。日が暮れかかる頃に、こうしてみな一緒にいるのが、子供たちは楽しくてならないというふうだ。やがて、樹の上で白い女がバイオリンを弾きはじめると、あぜ道をサイレンを鳴らしたトラックが走ってくる。そこからバラバラと飛び降りた役者たちが客をかき分け、大声を発して、逃げた女を探すというオープニングだ。いつものように「歎きの天使」の芝居がはじまった。町の客にあわせようという姿勢はなく、かといって、手を抜いて済ますところもない。それが終わると、体操着の子供たちが「ああ面白かった」と私の前を駆けていった。これが芸能なのかと思った

私も、年が明けた一月、神田松之丞の『慶安太平記』、五日間全十九席の連続読みを聴くことができた。そもそも『慶安太平記』を聴くのは初めてで、登場人物の相関関係もそうわかっているわけではない。それでも、見せ場もダレ場も同じようにわくわくした。日々のやりくりをつけながら、客は毎晩ここに通ってくる。五日間、静かな熱狂を共にして、それが読み終わりとなったとき、「ああ面白かった」と、私もあの子供と同じ様な気持になった。こんな楽しみが、まだ残っていたのがなにより嬉しかった。

練馬の独演会の会場で『講談入門』（神田松之丞／河出書房新社）を買った。知らないことばかりだから、ありがたい本だった。この本の後半に、人間国宝・一龍斎貞水へのインタビューが載っていて、中でも「印象深い講釈師たち」の章は、それがもう講談に出てきそうなエピソードばかりだった。松林圓盛（一八六三〜一九四一）は皆から「けむ重」と呼ばれたそうだ。客も本当の芸名を知らない。にぎやかに現れるが、いつの間にかいなくなる。煙のように消えるので「けむ重」だ。この人は七十数年、生涯を前座のままで過ごし、「死んだときもどこでいつ死んだかわからなくて、煙のようにいなくなった」

と貞水が話す。

松之丞が貞水の引き出しを丁寧にあけるたびに、もう完了し、物語になっていると思っていた世界がいきいきと姿を現す。その地続きにこの人たちはいるのを知った。今、松之丞の高座が、その精神史の切っ先なのだろうか。だとすれば、つかのま何が観られるのだろう。こんな時分から降りはじめた雨なのに、やみそうにない。

illustration by Satoshi Maruyama

・スタッフ鼎談・

TBSラジオ
FM90.5 + AM954
神田松之丞
問わず語りの
松之丞

# 『問わず語りの松之丞』について、普段思っていることを話します。

**松之丞人気の火付け役となったTBSラジオ『問わず語りの松之丞』。番組を支えるスタッフに、本音を語るラジオの面白さを分析してもらった。**

文・和田達彦　写真・とみたえみ　（2018年8月取材）

**佐藤**　僕が言うのも何ですけど、このラジオって面白いじゃないですか。松之丞さんの何がすごいと思いますか?

**戸波**　ラジオって、しゃべってる本人だけが楽しい感じになることも多いけど、松之丞さんは客観的というか、しゃべりながら俯瞰で見てる。

**重藤**　話しながらも、スタッフ全員の顔色を一瞬で把握してるんですよ。「○○さん笑ってなかったけど大丈夫かな」とかおっしゃいますし。いつも会うと一言目に前回の放送の感想を言ってくださるんです。「あそこの笑い方がよかった」と必ず褒めてくれるので、逆に褒めてないところがダメなんだとわかります。

**戸波**　重藤くんの起用は、松之丞さんのほうから「僕が金払うんで笑い屋入れていいですか」って言ってきたんですよ。「僕が金払う」って、寄席の世界の感覚なのかな? 「いや番組の予算で払いますよ」って言ったけど(笑)

**佐藤**　笑いに対して貪欲ですよね。あと笑いの握りこぶしが硬い。ゆるい笑

構成作家
## 佐藤 研
Ken Sato

●1974年生まれ。ライターズ・オフィス所属。『赤江珠緒たまむすび』『ジェーン・スー生活は踊る』『土曜朝6時 木梨の会。』などを担当。

ディレクター
## 戸波英剛
Hidetaka Tonami

●1965年生まれ。TBSグロウディア所属、『問わず語りの松之丞』以外には、TBSラジオで8年間続いた『菊地成孔の粋な夜電波』などを担当。

笑い屋
## 重藤 暁
Gyo Shigefuji

●1991年生まれ。番組では笑い屋、常磐津では「常磐津佐知太夫」として活躍する傍ら、江戸川大学メディアコミュニケーション学部非常勤講師も務める。

いじゃなく、絶対面白いだろってパンチをバッコバコ打てて、いろんな角度から笑いを持ってくる。

**戸波**　ピッチャーにたとえれば、球種が多い。

**佐藤**　たとえも絶妙で、それよく知らねえけど面白いって思っちゃう（笑）

**戸波**　博識ですよね。僕の知らない固有名詞がいっぱい出てくる。

**佐藤**　人の腐し方も絶妙。でも10回に1回はギリギリアウト（笑）。あとで編集すると思って話してるんだろうけど、戸波さんはもうパンチドランカーだから（笑）。放送聴いて「えっ、あそこ使っちゃったんだ」って思うことも。

**戸波**　松之丞さんから「切ってくれると思ったのに」って言われる（笑）。でも、TBSラジオの中の番組をイジるのは、サトケン（佐藤）さんが入ってから。それまではあまり情報がなかったけど、サトケンさんはいろんな番組をやってるので。

**佐藤**　それじゃまるで僕がネタをリークしてるみたいじゃないですか（笑）。でも、最近は戸波さんが保守的になってる。とくに自分についてのネタだと収録中に「これは使えないな」とつぶやいてるし、ずるいですよ（笑）

**戸波**　そこは保身です（笑）

**重藤**　ちなみにサトケンさんって、いつの間にかいましたよね（笑）

**佐藤**　僕が加わったのは、番組が10分枠のレギュラーになった、２０１７年の10月から。

**戸波**　３カ月限定の番組が一旦終了した後に1時間の特番をやった時、松之丞さんがノーアイデアで収録に来て、もちろん僕もノーアイデア（笑）。夜の8時から収録を始めたのに電車がなくなるまでかかって、少し険悪な雰囲気になったんです。それで「こんな話がいいのでは」と言ってくれる作家的な人がほしかった。だから、レギュラーになったら、サトケンさんに手伝ってもらおうと思ってたんです。最初のレギュラーは、火曜から金曜の10分間。けど10分を4本録るのは大変。千本ノックみたいに打ちまくらなきゃいけないので、すぐ空（から）になる。だからサトケンさんの存在は大きかった。

**佐藤**　でも僕は何もやってない。作家は台本書いてナンボだから、他の番組ならそれなりに台本書くけど、それもない。ただ、戸波さんは放送にのせるモノをつくる人なので、笑いつつもメモをとって、構成を考えながら聞かなきゃいけない。無責任に笑っていられる僕や重藤くんは、戸波さんとは違う視点になる。いなくても成立するだろうけど、ちょっとだけ役に立ってるかな。松之丞さんが、「今日は何も話すことがない」って言ってくる時が、たまにある（笑）。でも本当はあるんですよね。そこでわれわれが「大将！　そんなこと言っても、何かあるでしょ？」って（笑）

**重藤**　「またまた～」って（笑）

**戸波**　トピックスはたくさんあっても、整理がついてないんですよね。10分の放送当時、中身は実質8分なのに松之丞さんが17〜18分しゃべっちゃった時は、あとの編集が大変だった。

**重藤**　それから8分になったら合図を出すようになりましたね。それまでやってなかったのもすごいけど（笑）

## 面白くするためには、絶対に妥協しない。

**戸波**　編集といえば、30分番組になる時、何回も録り直すのはやめませんかと提案したけど、結局はそうならなかった。やっぱり、録り直したほうが面白くなるから。松之丞さんは〝次はもっとよくなる〟という考えの人なので、今のよかったです！　と言っても納得しない。

**佐藤**　普通はできないし、やりたがらないですよ。伝統芸能の人なので、抵抗がないのかな。ただ僕らは生放送に慣れているせいか、録り直しはちょっと面倒だなって思う（笑）

**戸波**　生放送は一発勝負だから、「笑いは少なかったけど、パッションはあったよね」ですむ。でもやり直すということは、どこがよくてどこが悪かったのか検証して、超えていかないといけない。このスタイルを続けていく以上、毎回面白くないとダメっていうことだから、自分たちでハードルを上げてしまってる。

**佐藤**　松之丞さんは、そのハードルを毎回、本気で越えようとしてる。陶芸家に例えるなら、それなりに良くできたツボを、自分の手で割っちゃうみたいな。

**戸波**　とは言え、録り直しても面白くない人は全然面白くないから。でも、リスナーに何回も録り直してるから面白くて当然って思われたら、ハラたつのりだよね（キリッ）。

**重藤**　……。

**佐藤**　松之丞さんは、問わず語りは二ツ目だからできる番組って前から言ってるけど、やっぱり真打になると難しいもの？

**重藤**　どうなんでしょう。今のスタイルは二ツ目だからこそできるものかもしれないですが、一方で松之丞さんが真打になった時の戦略が楽しみです。

**佐藤**　やめたくなったらやめてもいいと思うけど、ラジオの仕事をしている人間からすれば、真打になっても続けてほしい。ただ、ラジオが本業の講談の足かせにはなってほしくない。だから30分番組の今はベストな状態だと思います。

**戸波**　僕は真打に限らず、どんどん有名になって、高みの存在になってほしい。ラジオは通過点でもいい。「昔こんなラジオやってたんですか、へぇ〜」くらいに思われるスゴい人になってほしい。

**重藤**　僕は松之丞さんがビッグになっても忘れられたくないなぁ。いつも自分がどれだけ愛されているか、不安になるんです。

**戸波&佐藤**　なんだそれ！

# 戸波ディレクターが、いま考えていること。

構成&文・編集部

――スタッフ鼎談（136~139ページ）の取材は2018年8月下旬で、今回の戸波ディレクターの単独インタビューは2019年11月半ばです。その間の大きな変化といえば何でしょうか？

**戸波**　2019年の4月以降、日曜日の23時スタートから、金曜日の21時30分スタートになりました。あと、スポンサーがついたのも大きいです。

――フォルクスワーゲンですね。

**戸波**　何も言わないですから、すごいスポンサーだと思いますよ。普通のスポンサーだと、商品に触れるコーナーを番組の中に設けてくれとかって言うんですが、一切言わない。ありがたいです。

――収録はどのような感じですか。

**戸波**　だいたい、木曜日の朝9時に松之丞さんがいらして、打ち合わせと称した雑談を1時間ほどダラダラやり、じゃあ、そろそろとなったところで回し始める感じですね。終了が12時くらいです。

――松之丞さんは毎週来られる？

**戸波**　来ますね。忙しい人なら、3時間あれば3本録りしますが、『問わず語り』は溜め録りせずに1回で1週分です。

――収録の後、すぐ編集作業に？

**戸波**　本来は、放送日の前日の16時が締め切りですが、絶対間に合わないので、あらかじめ遅延届を出しています。以前は収録日に編集していましたが、いまは一晩寝たほうが自分のコンディションも良く、冷静にジャッジできるので、翌日に作業することが多いです。

――松之丞さんはオンエアで初めて聴くんですか？

**戸波**　もちろんです。いま流れているものはもう直せないから面白いはずだ、と思って聴いているんじゃないですか？　そんなことは絶対にしませんが、もしも編集済みの素材をオンエア前に松之丞さんに聴かせたりしたら「ここは直してください」みたいな部分がきっと出てくると思います。

――戸波さんは番組の感想を呟いてるツイッターを見ないんでしたっけ？

**戸波**　最近また見るようにしましたが、頭の悪い書き込みを見ると、やっぱり見なきゃよかったと思います。でもムキになることはないです。基本、ツイッターのタイムラインはごく一部の人の感想だと思ってるんで。

――松之丞さんはよくチェックされてますよね。

**戸波**　メンタルが強いから、批判もひっくるめて、受け入れられるんでしょうね。エゴサーチというよりパトロールなんじゃないですか？　自分を腐してる奴を探して、反撃したいのもあるかと。

――戸波さんも松之丞さんも、そのあたりの感性が似ている気がします。

**戸波**　そうですね。「こんなありがたいツイートが」とか思ったことないので。ラジオ番組によっては、自分たちに都合のいいツイートだけを拾って、「こんな呟きをいただきました。ありがとう！」とか言うじゃないですか。あれ、本当にアホだなって思います。そりゃ、この番組つまんないっていうのを読み上げても、成立しないのはわかりますけど（笑）。そんな中、番組を腐しているツイートをあえて取り上げるのは、『問わず語り』らしいかなとは思っています。

――放送日時の変更やスポンサーの有無以外に、変わったことは？

**戸波**　松之丞さんを取り巻く状況ですね。今までは誰かに悪態ついても、無名な雑魚が噛みついてるって認識だったけど、ここまで有名になってくると弱い者いじめに聞こえたりする可能性が出てくるのかなとは思います。あと、これは松之丞さんではなく僕の話ですが、いままでは局に対して「いつでも番組を終わらせてみろよ、コノヤロー」みたいな感じで無駄にファイティングポーズを取っていましたけど、いまはTBSラジオの中でとても大事にされているので、原動力だった怒りが薄れてしまったみたいな……そういう過渡期な気はしますね。

――真打昇進＆伯山襲名のタイミングで、番組名も変わるんですよね。

**戸波**　松之丞さんの名前が変わるから変えざるを得ないですよね。でも中身に関しては伯山に変わっても、今まで以上にひどいことを言ってもらって全然構わない（笑）。伯山として品位に欠ける行為じゃないかとか、講談のためにならないんじゃないかって、ぼくは言わない立場にいたい。この人は講談のことがわからないから、そんなこと言ってんだよって立場が一番いいなと思います。

――『問わず語り』のスタート以来、松之丞さんが人気者になる過程を見てきたと思うのですが、そのあたりは？

**戸波**　支持者が集まってくると、その逆もあるし、持ち上げられたら、引きずりおろされることもあるので、気をつけなきゃいけないとは思います。自分も調子に乗ってるとか思われたくないですし。売れたのは松之丞さんで、別にラジオが松之丞さんの状況を全部変えたわけでもない。松之丞さんが頑張った結果であって、逆にラジオのほうが地位を引き上げてもらったというのが真相だと思うんですよね。

――ラジオと松之丞さんのこれからについては、どう思いますか？

**戸波**　今後、やめたいってことになっても、それはラジオが嫌でやめるのではなくて、講談のほうが忙しいからやめるってことになるかと思います。講談を広めるためにラジオを始めた人だから、その目的を果たしてさらに忙しくなったらラジオをやめざるを得ないでしょう。ただ、本人が続けたいと言ってくれれば、僕でできるならやりますよ、というスタンスは変わらないですね。

大学の後輩がステージⅣのガンになり、なにか励ましたいと思ってプレゼントを考えた。結果、『シブラク名演集』を贈ることにした。勢いのある「まっちゃん」の講談を聴いて、元気を出してほしいと思ったからである。

# CDで聴く、DVDで観る、松之丞の講談。

**まずは聴いてみようと思った人や、寄席や独演会のハードルが高いと感じている人に、お薦めなのがCDとDVDだ。手元に置いて何度も堪能したい。**

文・生島 淳

## 『松之丞 講談 ―シブラク名演集―』

神田松之丞
ソニー・ミュージック来福レーベル
¥3,056(税込)
2017年6月28日発売
素材提供：ソニー・ミュージックダイレクト

### ホームグラウンドともいえる、シブラクでの臨場感あふれる一枚。

2016年から2017年にかけて、シブラクで松之丞人気が沸騰しつつあった頃の名演集。収められた三席は『荒川十太夫』、『金棒お鉄』、『首無し事件』だが、これだけで松之丞のひとり寄席が楽しめる。赤穂義士伝で幕を開け、金棒お鉄で大いに笑い、首無し事件でミステリを楽しむ。大いに満足。シブラクではリラックスしていることもあり、マクラも凄まじい熱量で展開する。友人をまっちゃんにハメるなら、このCDが最適だろう。

**CD2枚組**

ディスク:1
1.「荒川十太夫」(『赤穂義士伝』より)
2.「金棒お鉄」(『天明白浪伝』より)

ディスク:2
1.「首無し事件」(『天明白浪伝』より)
2. 松之丞 ひとり語り

## 『松之丞ひとり ～名演集～』

神田松之丞
SPACE SHOWER MUSIC
¥3,300(税込)
2017年9月6日発売

### 独演会の空気感までがよみがえる、なめらかな語り口の三席。

『宇都谷峠』、『箱根の惨劇』が収録された独演会の晩は、通り過ぎた台風の余韻が東京にまだ残っていた。スペインから帰ったばかりの松之丞の語り口は滑らかで、増上寺の僧侶、伝達が巻き込まれる事件に釘付けになったが、CDを聴くとあの夜の空気感までがよみがえってくる。『雨夜の裏田圃』は年々、いや季節ごとに進化しているが、30代前半の松之丞が、江戸時代の閉塞感をどうやって表現しているか、後々になって貴重な資料となるだろう。

**CD2枚組**

ディスク:1
1.「宇都谷峠」(『慶安太平記』より)
2. 松之丞CD解説

ディスク:2
1.「箱根の惨劇」(『慶安太平記』より)
2.「雨夜の裏田圃」(『村井長庵』より)

しばらくして、メッセンジャーで感想が送られてきた。律儀なヤツなのだ。

「生島さん、講談の何たるかを知らずに聴き出しましたが、その迫力に驚きました。録音なのに臨場感がしっかりあって、昔、20代後半の頃、第三舞台のビデオを何十回と見ていたころを思い出しました」

彼は、こう続けていた。

「これをライブで聴いたら、どれだけ面白いんでしょう」

後輩は気力を振り絞り、2018年の5月30日に松之丞が高座に上がる新宿末廣亭に足を運ぼうとしたが、体調がそれを許さなかった。それから程なく、6月15日に彼は息を引き取った。

松之丞を生で聴いてもらえなかったのは、とても残念だった。それでも、せめてCDで彼の講談を聴いてくれたのなら、良かったと思う。

「松之丞CD」に収められた話には、情熱が込められている。私の後輩はその魅力を音源で堪能してくれた。もっともっと、聴いてほしかった。

## CD『最後の松之丞』

神田松之丞
UNIVERSAL MUSIC
¥3,300(税込)
2020年1月29日発売

### 松之丞の魅力が存分に詰まった、神田松之丞としては最後の作品。

老若男女、幅広い世代から大人気となった松之丞の魅力が充分に堪能できる三席。元々は落語の噺である『鮫講釈』に、講談師が噺の中の講談を語るという松之丞ならではの工夫が光る。また、数ある鼠小僧次郎吉の演目のうち、秀逸な作品の一つである『汐留の蜆売り』、歌舞伎や映画などで様々に脚色されて演じられた『小幡小平次』も聴きごたえ十分。ボーナストラックとして、松之丞による解説付き。神田松之丞としては、最後の作品となる。

**CD2枚組**

ディスク:1
1.「鮫講釈」
2.「汐留の蜆売り」

ディスク:2
1.「小幡小平次」
2. 松之丞CD解説

## DVD『新世紀講談大全 神田松之丞』

神田松之丞　クエスト
¥3,520(税込)　2015年4月18日発売

### 封印した『グレーゾーン』をはじめ、勢いあるネタが映像で楽しめる。

このDVD、いまや貴重な存在になっているかもしれない。松之丞がブレイクする前の高座を収めた作品であり、しかも封印された新作講談、『グレーゾーン』が観られるのだから。寄席の高座とあって『鹿島の棒祭り』、『違袖の音吉』の勢いが弾けているのが楽しい。ジャケットの写真でも挑戦的な表情を浮かべ、「これから売れてやる」といった意気込みが伝わってくるが、松之丞がとにかく若い。二ツ目前半時代の記録として手元に置いておきたい。

1.「違袖の音吉」
2.「鹿島の棒祭り」(『天保水滸伝』より)
3.「グレーゾーン」

# 講談に興味が湧いたら、読んでみたい本。

**講談に関する本が少しずつ充実してきた。初心者向けから手元に置きたい本、くつろぎながら読める小説まで、多彩なセレクトで紹介しよう。**

選・神田松之丞　文・長井好弘

何かを好きになれば、「もっと知りたい」という気持ちがつのる。それが異性なら、デートに誘えばいいが、長く豊かな歴史を持ちながら、近年人の目に触れる機会が少なかった「講談」が相手だと、それなりの覚悟が必要だ。

今日の読み物は何という演目で、誰の得意ネタか。舞台となる大名家はどれほど偉いのか。あの親分とこちらの代貸はなぜ対立するのか――。初めて講談の会に来れば、たちまち疑問の山が出来上がる。講談自体は面白いのに、わからないことが多すぎるのだ。

そんなとき、講談本は僕らの水先案内人になってくれる。問題は、おすすめしたい本の大半に「絶版、品切れ、入手困難」というオソロシイ注意書きがついていることだ。

## どちらかではなく、両方読みたい松之丞本。

まずは、手に入りやすい近刊に目を向ける。話題の松之丞本、『絶滅危惧職、講談師を生きる』と『神田松之丞　講談入門』の二冊だ。どちらを読むか、ではなく、両方を読んでほしい。

前者は、「古舘くん」という、ちょっとハードボイルドな青年が、講談に魅せられ、プロの道へと進んでいく人生の軌跡を、その過程でぶつかり合う様々な感情を隠すことなく描いた好著である。松之丞の頭の中を垣間見られると同時に、「演芸を好きになること」の意味を考えるヒントにもなる。

後者は、「松之丞の講談」をよりよく理解するための面白参考書だ。読み進めていくうちに、「松之丞の」が取れて「講談」そのものへの興味が頭をもたげてくる。僕自身も編集に関わっているので、自画自賛になってしまうが、力を入れて読めば、その分だけ得られるものは大きくなる。

この二冊をクリアしたら、もう後戻りはできない。「講談をもっと知りたい」という気持ちは、抑えられないほどに大きくなっているはずだ。

さあ、講談の演目に挑む時が来た。一番手は『講談えほん』が最適だ。「子供向き」と侮るべからず。監修の松之丞が手抜きなしで選んだ三演目は、大人が読んでも胸が躍る。

この先は、「絶版、品切れ、入手困難」との戦いだ。古書店や図書館をまめにのぞい

## 『絶滅危惧職、講談師を生きる』

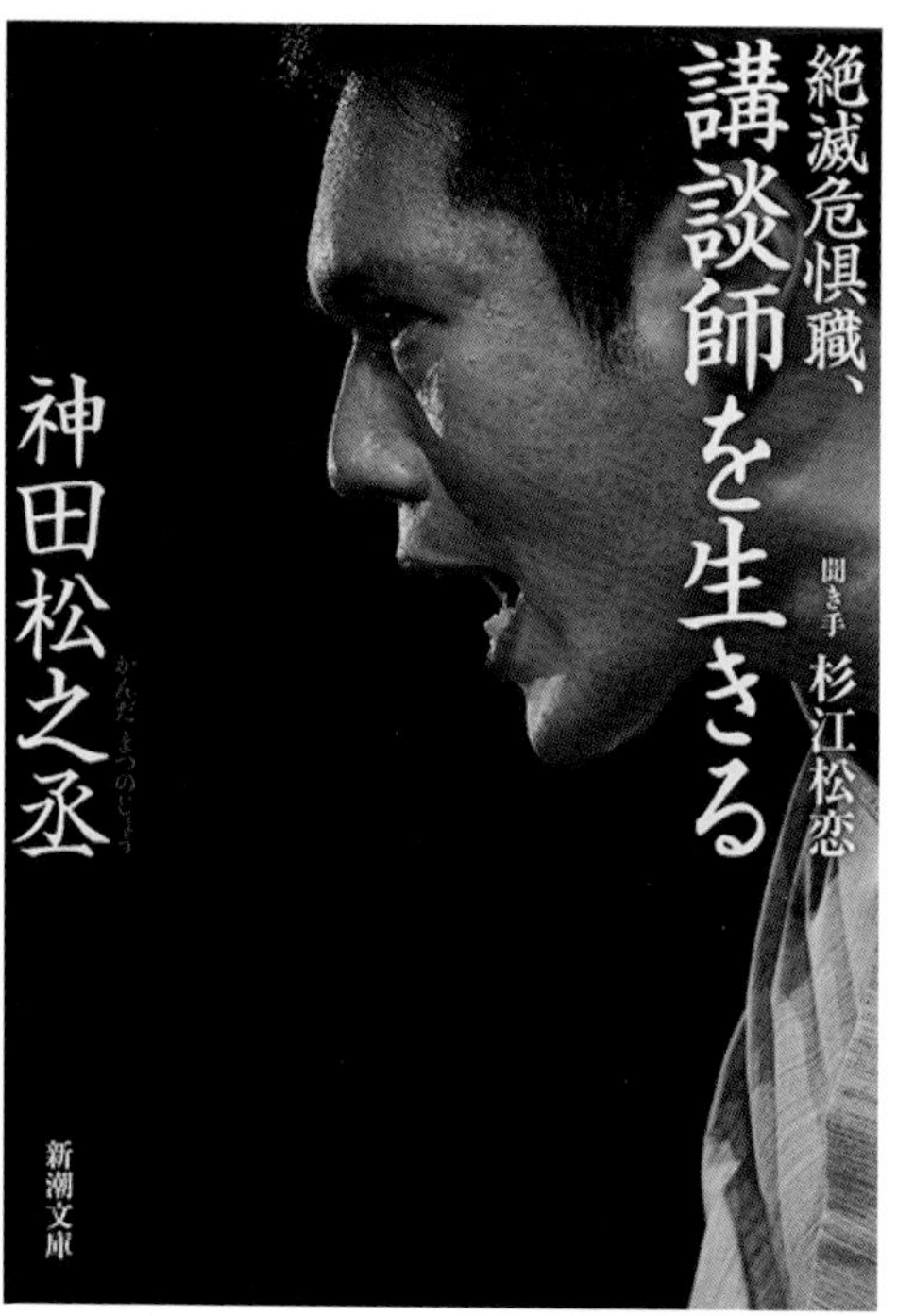


**神田松之丞がいかにして生まれたか、
講談師になる過程を描いた自叙伝。**

2017年10月に刊行された神田松之丞の初めての著書の文庫化。それに伴い、一章を追加。演芸ファンである文芸評論家で作家の杉江松恋氏が聞き手となり、古舘克彦（神田松之丞の本名）の生い立ちから学生時代、講談師になるきっかけ、前座時代の鬱屈、現在の活躍、未来への展望までが詳細に書かれている。「この本は講談師になって10年目の自叙伝になります。松之丞のパーソナリティ、どんな人なのかを知っていただく本ですね。講談に興味を持っていただいて、次につなげるための第一段階の本になっています」

神田松之丞 著　新潮文庫

## 『神田松之丞 講談入門』

**松之丞が案内する講談の入門書は、豊かな内容で読みごたえたっぷり。**

講談に少しでも興味を持った人の、もっと講談のことを知りたいという思いに応えるべく2018年8月に刊行した入門書。講談の基本に加え、松之丞全持ちネタ解説や人間国宝・一龍斎貞水との対談など充実した内容。「第二弾は絶対にこの本を出さなきゃいけないと思っていました。講談に興味を持った人が読みたくなる、ネタのあらすじなどを載せた入門書は今までなかったので。講談好きの方にとって待望の本になったんじゃないでしょうか」

神田松之丞 著　河出書房新社

## 講談えほん
# 『宮本武蔵 山田真龍軒』
# 『大岡越前 しばられ地蔵』
# 『西行 鼓ヶ滝』

**講談の面白さを絵本にした「講談えほん」シリーズ。子どもも親も楽しめる声に出して読みたい絵本。**

松之丞が、日本の伝統芸能である講談を絵本で次世代の子どもたちに残したいという思いで監修。上記の3冊を同時刊行。今後、『那須与一』『雷電為右衛門』『曲垣平九郎』を刊行予定。「講談は、講談師が、実在の人物や史実とされている事象を脚色交えて聴く人を楽しませつつ、一人語りで読んでいきます。日本の歴史物語を次世代につなぐためにとても大事な芸能です。この絵本を通じて、一人でも多くの子どもたちに講談を知ってもらえることを願っています」

神田松之丞 監修　講談社

## 『桂馬の高跳び』

### これは絶対読んでほしい、二代目山陽の波乱万丈の自叙伝。

大阪屋号書店の跡取り息子が講談にいれあげ、講談師になる人生を描いた本。「二代目山陽は私の大師匠にあたりますが、先見性があったり、20数名の弟子がいたりとか、そういう革命的な人の非常に面白い一代記です」

神田山陽 著　光文社　絶版

てみよう。運が良ければ、老舗の新刊書店の大衆演芸の棚で品切れのはずの在庫を発見することもある。国立劇場付属の伝統芸能情報館も講談本が充実している。

努力しても見つける価値のある本には、二つの種類がある。「演じ手が書いた本」と「聴き手が書いた本」である。視点の違う二つを読むことで、より「講談」と親しくなることができる。

高座からの視点なら、松之丞が属する神田松鯉一門のルーツである二代目神田山陽の『桂馬の高跳び』と、「お笑い三人組」で知られた一龍斎貞鳳の『講談師ただいま24人』が必読本。とりわけ後者は、書名を挙げただけで「講談の低迷」を説明できるという、講談現代史を知る上で欠かせない本だ。

客席側からの本では、有竹修二著『講談・伝統の話芸』が群を抜いている。講談定席本牧亭の「最後の常連」で、「ちゃんと寄席に来る」評論家だった有竹が綴る歴史、評伝、逸話、高座記録は「講談愛」に満ちている。

理屈やうんちくではなく、講談の世界を、その懐かしい風景を楽しみたいなら、講談師が登場する小説を読もう。松之丞推薦の作品は、どれも比較的容易に図書館等で見つけられるはずだ。

### きわめて魅力的な、速記本という存在。

最後に、とっておきの講談本をお教えしよう。それは、明治大正昭和の口演速記だ。落語は会話中心だから、言葉遣いの違いや、笑いのポイントのズレなどがあって、古い速記は読みにくい。それに比べて講談速記は物語中心だから飽きずに読めるし、明治三十年代から昭和の初期ぐらいまでは、連載小説代わりに新聞各紙に連載されていたことから、わかりやすさへの配慮もある。高座と速記はまったく同じではないが、今は演じられていないネタや、長い連続講談の全貌など、講談の奥深さを味わうには、速記本はきわめて魅力的な存在なのだ。

「求める気持ちがあれば、道は開ける」――。これが講談本に対する、僕の体験的かつ自己叱咤的結論である。講談本は、宝の山だ。

## 『心を揺さぶる語り方』

**語るときに大切なことは何か？**
**人間国宝が教える語り方の極意。**

講談界の第一人者が、どのような語り方をすれば相手の心に届くかを、講談師としての豊富な経験をもとに丁寧に解説した本。「『三方ヶ原』をやっている若者の語りには誰も勝てない、というようないい話がたくさん書いてあります」

一龍斎貞水 著　NHK出版　品切

## 『おやこで楽しむ講談入門』

**親子でいっしょに読める、**
**わかりやすい講談の入門書。**

講談とは何かから、歴史や演目までわかりやすく紹介。『三方ヶ原軍記』や『赤穂義士伝』など名作講談も収録し、おやこで楽しめる一冊。「子ども向けの本なので、お子さんがいる家庭で講談を知りたいという方に手に取ってほしいです」

宝井琴星 監修、稲田和浩・小泉博明・宝井琴柑 著　彩流社

## 『講談研究』

**研究肌の講談師がまとめた、**
**昭和の名人たちの貴重な資料。**

講談師の田邊南鶴が1953年3月以降発行していた専門誌を編集して一冊にしたもの。1965年刊。「研究肌の南鶴先生が、芸人の視点からまとめた貴重な資料です。当時の講談師がどのような人物か、写真付きの自筆で紹介されています」

田邊南鶴 自費出版 絶版

## 『講談・伝統の話芸』

**昔の講釈場の雰囲気と、**
**名人たちの息遣いが伝わる。**

朝日新聞の記者であり、講談の定席に足しげく通った人物が客席からの視点でまとめた一冊。「これは座右の書ですね。談志師匠が大好きな本という感じでしょうか。昔の講談の名人の息遣いが伝わってくる、とても好きな一冊です」

有竹修二 著　朝日新聞社　絶版

## 『本朝話人伝』

**昔の講釈師の人となりがわかる、面白いエピソードが満載。**

江戸から明治にかけて活躍した、名人と謳われた講釈師、落語家の人物伝。「昔の講釈師にまつわるいろんなエピソードが載っています。こんな講釈師がいたとか、伝説の釈台があったとか、面白い上に、わかりやすくて読みやすい」

野村無名庵 著　中公文庫BIBLIO　品切

## 『講談師ただいま24人』

**まさに絶滅しかかっていた、50年前の講談界の状況。**

当時、売れっ子だった一龍斎貞鳳が1968(昭和43)年に出版した本。東京・大阪あわせて24人しか講談師がいなかったどん底の状況を書いている。「講談の未来を一番危惧した貞鳳先生が、その後、講談師を辞めるという展開に」

一龍斎貞鳳 著　朝日新聞社　絶版

## 『巷談 本牧亭』

**ありし日の講釈場を描く、安藤鶴夫の代表作。**

東京で唯一残っていた講談の定席「本牧亭」に集う人々を、鮮やかな筆致で描いた小説、昭和38年度下半期直木賞受賞作。「安藤鶴夫が、斜陽な時代の講談のありし日の姿を、きちんと書いてくれている小説です。それも温かい文章で」

安藤鶴夫 著　河出文庫

## 『定本講談名作全集 別巻』

**講談が好きになったら、手元に置いておきたい一冊。**

1971(昭和46)年に刊行された全集(全8冊)の別巻。「名講談解題」と題してあらすじを紹介。「これはすごく役立っている本で、講談好きな人はぜひ手に入れてほしいですね。あらゆる講談のネタが、丁寧にまとめられています」

講談社　絶版

## 『花野』

**二代目・神田松鯉の人生を、鮮やかに描いた一作。**

中篇三篇を収録した一冊。表題作の『花野』は、数え81歳となった講談師の女性遍歴を描く。「二代目の神田松鯉がモデルになっていて、いかにモテたかが書かれている小説です。先代の松鯉について知ってもらえたらいいなと」

瀬戸内晴美 著　文春文庫　絶版

## 『人情馬鹿物語』

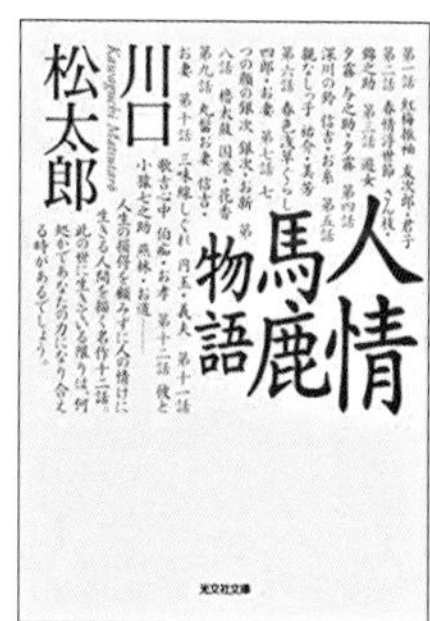


**12の短編が収められた人情物語、『彼と小猿七之助』をぜひ。**

講談師、初代悟道軒円玉に師事していた作家が、大正時代の東京を舞台に綴った短編12話。「講談師の目線が常にあるので、講談っぽい話が多いですね。とくに『彼と小猿七之助』という話はとても好きで、空気感が伝わってきます」

川口松太郎 著　光文社文庫

## 『D坂の殺人事件』

**名探偵・明智小五郎は、五代目の神田伯龍がモデル**

名探偵・明智小五郎が初めて登場した『D坂の殺人事件』を収めた江戸川乱歩の短編集。「明智小五郎は、五代目伯龍がモデルとされていますが、乱歩が伯龍のことを好きだったということや、モデルにしていたということが面白い」

江戸川乱歩 著　KADOKAWA／角川文庫

## 『本牧亭の鳶』

**本牧亭を舞台にした、切なくも胸に響く物語。**

芸人の愚かな優しさを紡ぐ六篇の短編を収めた一冊。表題作の『本牧亭の鳶』は、若き講釈師と下足番の老人の淡い交流を描く。「下足番のおじいさんは脇役だけど、講談にまつわるサブストーリーとしてすごく魅力がありますね」

吉川 潮 著　ランダムハウス講談社文庫　品切

# 神田伯山の高座が楽しめる、東京の寄席・定席マップ

都内の寄席や日本講談協会の定席など、六代目神田伯山の講談が聞ける場所を紹介。〈伯山の一言〉を参考に、どこに足を運ぶか、計画を練ってみよう。

イラスト・丸山誠司

## 浅草演芸ホール

**伯山の一言**

ここは唯一、携帯が鳴ってもしょうがないと思える空間です。ノイズを受け入れる寛容さがあるからでしょうか。タイムスリップしたような、現代の価値観を変える小屋の魅力があって、アナーキーかもしれないけど、そこが最高にいい。

## お江戸上野広小路亭

**伯山の一言**

日本講談協会の定席だと、お祭りみたいな不思議な一体感が生まれます。みんなで肩寄せ合ってがんばっている感じです。演者もお客様も互いに期待が薄い中での、肩の力の抜けた日常があって、だからこそ冒険することもあります。

## お江戸日本橋亭

**伯山の一言**

伯龍先生がずっとやっていたイメージがありますね。落語芸術協会として定期的に借りているので馴染みの深い寄席です。広小路亭同様キャパもちょうどいい感じ。靴を脱いでスリッパに履き替えるのは、気になる人がいるかも。

## 国立演芸場

**伯山の一言**

談志師匠への思い入れがとても強いので、国立演芸場の小屋自体の魅力というと、談志師匠がここでずっとやってきたんだなっていうところですね。スタッフが素晴らしく、照明やスポットライトの当て方とか、仕事がとにかくプロです。

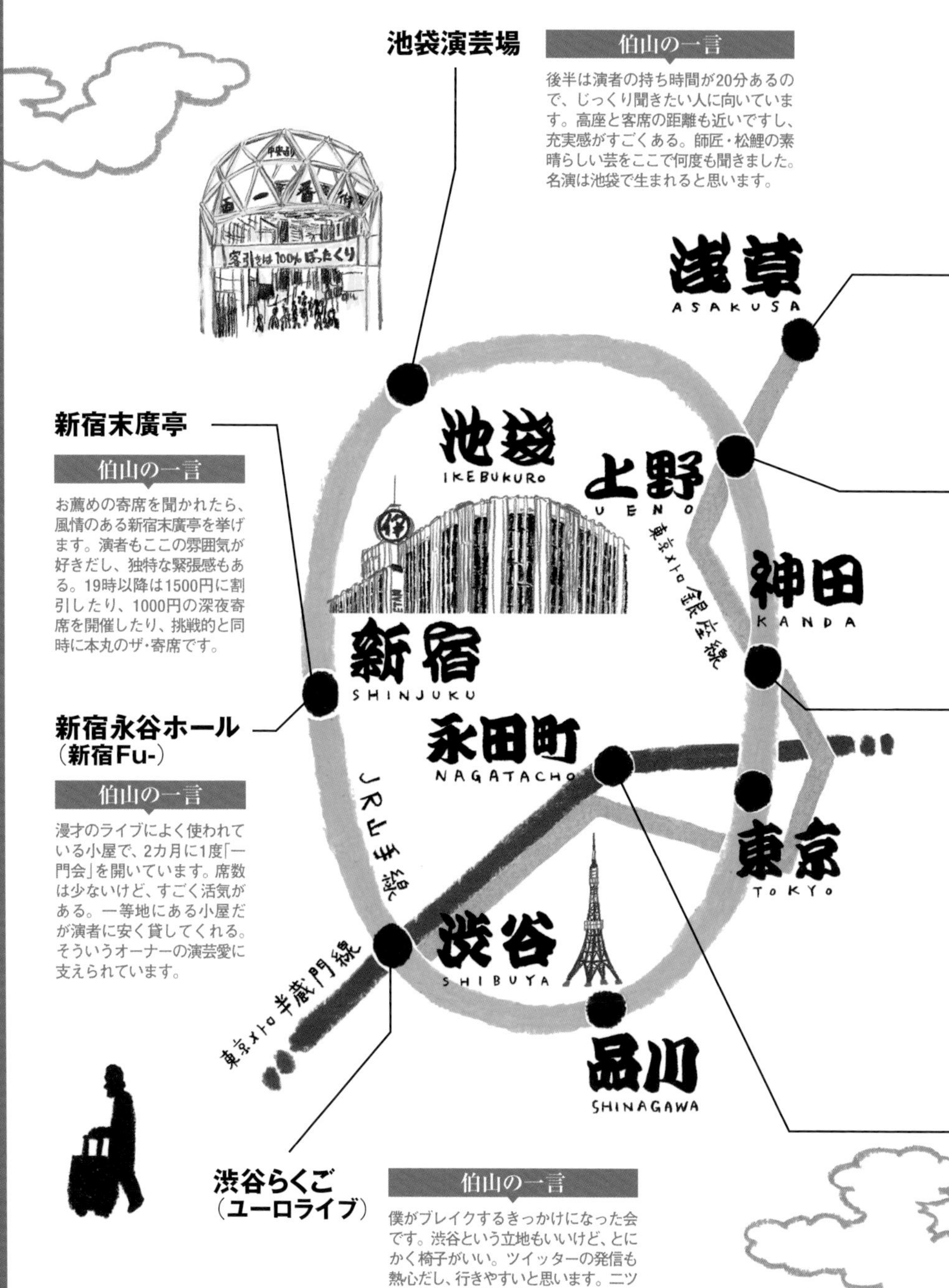

池袋演芸場
伯山の一言
後半は演者の持ち時間が20分あるので、じっくり聞きたい人に向いています。高座と客席の距離も近いですし、充実感がすごくある。師匠・松鯉の素晴らしい芸をここで何度も聞きました。名演は池袋で生まれると思います。
客引きは100%ぼったくり
浅草
ASAKUSA
池袋
IKEBUKURO
上野
UENO
東京メトロ銀座線
神田
KANDA
新宿末廣亭
伯山の一言
お薦めの寄席を聞かれたら、風情のある新宿末廣亭を挙げます。演者もここの雰囲気が好きだし、独特な緊張感もある。19時以降は1500円に割引したり、1000円の深夜寄席を開催したり、挑戦的と同時に本丸のザ・寄席です。
新宿
SHINJUKU
新宿永谷ホール
（新宿Fu-）
伯山の一言
漫才のライブによく使われている小屋で、2カ月に1度「一門会」を開いています。席数は少ないけど、すごく活気がある。一等地にある小屋だが演者に安く貸してくれる。そういうオーナーの演芸愛に支えられています。
永田町
NAGATACHO
JR山手線
東京
TOKYO
渋谷
SHIBUYA
東京メトロ半蔵門線
品川
SHINAGAWA
渋谷らくご
（ユーロライブ）
伯山の一言
僕がブレイクするきっかけになった会です。渋谷という立地もいいけど、とにかく椅子がいい。ツイッターの発信も熱心だし、行きやすいと思います。二ツ目と真打が順番関係なく出てきて、面白ければ勝ちという、30分一本勝負です。

# 気軽に足を運びたい、都内にある4軒の寄席。

独演会のチケットが手に入らなくても、寄席に行けば六代目神田伯山の講談は聞ける。都内の寄席に足を運べば、自分好みの講談師や落語家など、新しい出会いがきっとあるはず。

## 新宿末廣亭

Shinjuku Suehirotei

### 昔ながらの寄席の雰囲気を、都内で最も味わえる場所。

1897（明治30）年に始まり、1946（昭和21）年から現在の建物を維持する新宿末廣亭は、昭和の雰囲気漂う風情ある趣で演芸を楽しめる。「冬は義士　夏はお化けで飯を食い」と講談師を読んだ川柳があるが、伯山の師匠・神田松鯉が、冬（11月）は「赤穂義士伝」、夏（7月）は「怪談噺」のネタを行うことが風物詩となっている。この時期は1階中央にある椅子席と左右の桟敷席は満席になり、大入りの時は2階の桟敷席も開放。松之丞時代は仲入り後のクイツキに出演することが多く、師弟の共演を観ることができた。まさに、講談の醍醐味を味わえる一年の恒例行事であり、期間中、何度も足を運びたくなるはず。毎週土曜日の21時30分に開演する深夜寄席もお薦め。

## 浅草演芸ホール

Asakusa Engei Hall

### 一日いてもあっという間、明るく楽しい浅草の寄席。

色鮮やかな外観、表には半被姿の呼子が立ち、チケット売り場の窓口では看板猫のジロリくんがお出迎えする浅草演芸ホールは、賑やかな浅草の街の一部に溶け込んでいる。ここは常連客だけではなく、観光客や団体客が集まる観光名所にもなっている。1階席、2階席合わせて都内最大の340席を備えた広いつくりが特徴だが、1964（昭和39）年の創業当初はこの広さはなく、落語が盛んになるにつれて規模を拡大してきた。演者一人あたりの持ち時間は15分のため、昼の部・夜の部を通しで見ると約35組が出演する。飽きる暇もなくテンポよく次から次に演者が登場するため、あっという間に時間が過ぎていく。365日いつ行っても楽しく、元気をくれる寄席である。

12時から21時まで昼夜通して、最大9時間も堪能できる。お弁当を持って、時間一杯楽しもう。

map design by Morison

●東京都新宿区新宿3-6-12
☎03・3351・2974
㊟昼の部12時〜16時30分、夜の部17時〜21時　※入替無
㊡12月30、31日
㊕一般3,000円
suehirotei.com

新宿三丁目の飲食店が連なる並びにある。寄席文字で書かれた看板や提灯が通りに面してずらりと並んでいる、木造三階建ての建物。

雨の日も、台風の日も、浅草の寄席は休みを知らない。元日から営業している寄席で、その日はテレビ中継をされるほど人で賑わう。

map design by Morison

●東京都台東区浅草1-43-12
☎03・3841・6545
㊟昼の部11時40分〜16時30分、夜の部16時40分〜21時
※原則的に入替無
無休
㊕一般3,000円（特別興行を除く）
www.asakusaengei.com

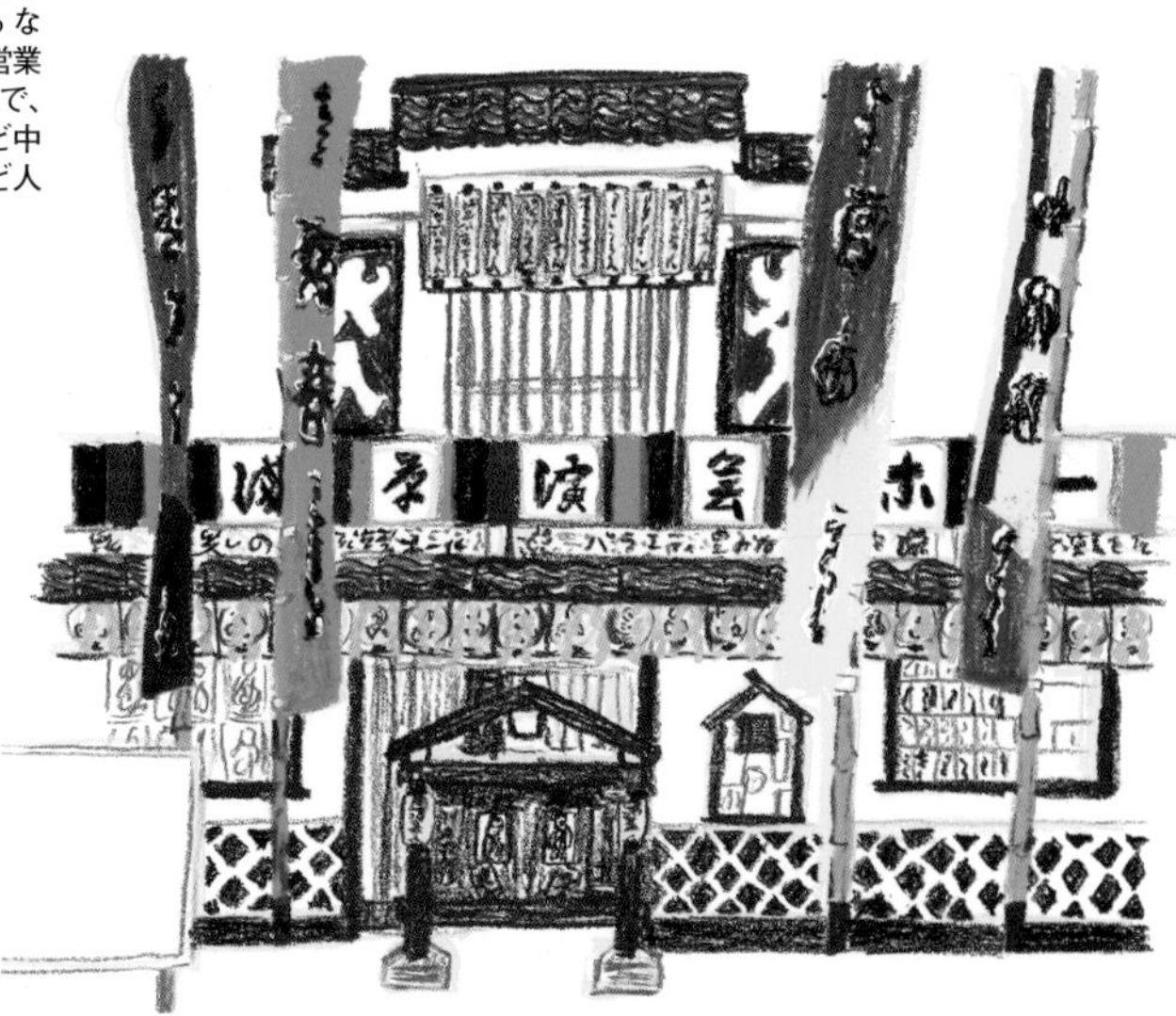

浅草という土地柄の影響から、演者はしんみりとしたネタより笑いのあるネタを披露する。

# 池袋演芸場

Ikebukuro Engeijo

## 池袋駅のすぐ近くで、ライブの魅力を実感する。

生で聴くことの価値をより実感する寄席が池袋演芸場だ。地下2階にある92席のこぢんまりしたアットホームな空間は高座と客席の距離が近く、どこからでも演者の表情がよく見え、声の響きも丁度よく心地いい。演者の持ち時間は一人20分とたっぷりで充実感があり、ラインナップの面白さ、観客の熱気、あらゆる条件が揃った時の会場の一体感はたまらない。満員御礼は当たり前で、人気の演者が出演するときには、場内は人で埋め尽くされる。ＪＲ池袋駅北口近くの歓楽街の入り口に位置する池袋演芸場は、１９５１（昭和26）年に営業を開始。１９９０（平成2）年に改装のため休業したが、長い間愛され続けており、常連になるのもよくわかる寄席である。

小さな寄席なので、高座との距離も近く、臨場感は抜群。

# 国立演芸場

National Engei Hall

## 都心にある贅沢な空間で、伝統芸能に触れる。

永田町の閑静な場所に、国立劇場の一部として１９７９（昭和54）年に開場。まず目に飛び込んでくるのは緞帳だ。葛飾北斎の『凱風快晴』の赤富士が描かれ、絢爛豪華な姿に目を見張る。３００席設けられた客席は、天井が高く、座席もゆったりとしたつくりで、整備の行き届いた品のある空間が広がる。落語協会と落語芸術協会が上席（1～10日）、中席（11～20日）を交互に担当し、21日以降は特別公演枠として、協会の縛りのない自由な公演が楽しめる。中でも人気の企画は「花形演芸会」、「国立名人会」である。また、寄席には珍しく当日券のほかに前売り券の用意があり、すべて指定席仕様。前売り券、当日券は同一価格で、インターネット上での購入も可能。

隣が最高裁判所という立地で、落語や講談といった演芸が楽しめるというギャップが面白い。都心なのでアクセスも便利。

●東京都豊島区西池袋1-23-1 B2F
☎03・3971・4545
㈲昼の部12時30分～16時30分、夜の部17時～20時30分
(下席:昼の部14時～17時15分、夜の部18時～20時30分)
※特別興行を除き、昼夜入替無
(下席は毎日入替え)
㊡12月29～31日
㊎一般2,500円
(下席:昼の部2,000円
※夜の部は日替わり)
www.ike-en.com

出演は落語協会と落語芸術協会が交互に担当。
31日のある月は「余一会」と称した特別興行がある。

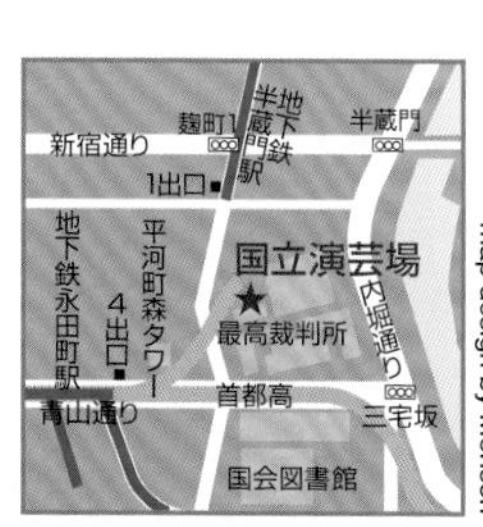


●東京都千代田区隼町4-1
☎0570・07・9900、
03・3230・3000(一部IP電話等)
(国立劇場チケットセンター:
10時～18時)
㈲定席公演(1日～20日)
13時～16時
※期間中に1、2回
夜の部18時～21時もあり
不定休
㊎公演ごとに変わる
www.ntj.jac.go.jp/engei.html

広々とした空間は、新宿末廣亭、浅草演芸ホール、
池袋演芸場とは、また異なる雰囲気がある。

日本講談協会の定席では、前座からトリまで講談を満喫できる。
伯山の出演をチェックしつつ、他の講談師の話芸も堪能しよう。

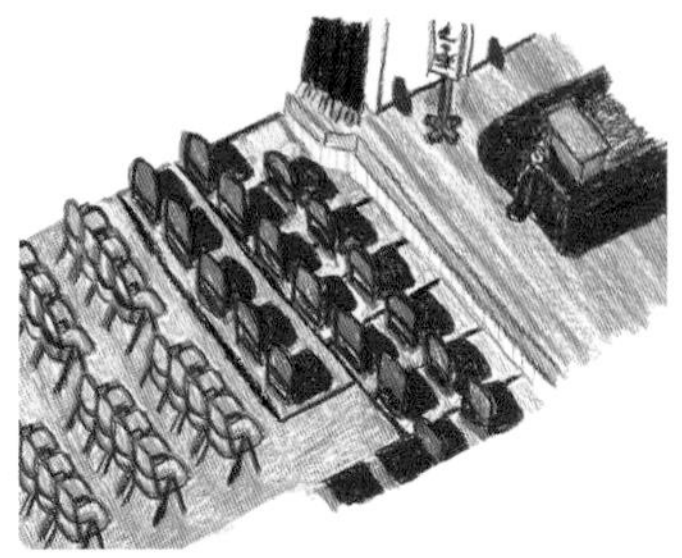

常連が多いが、臆せず足を運んでみよう。講談がもたらす豊かな世界が広がっている。

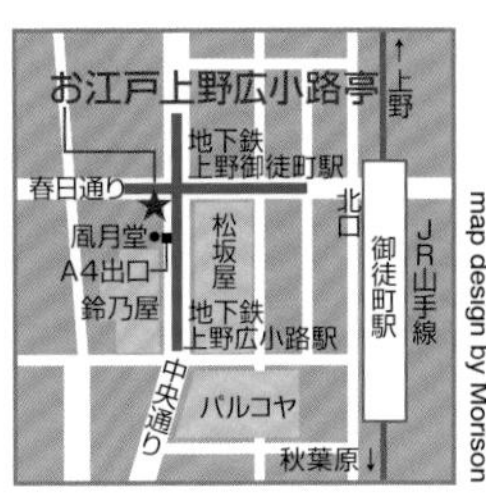


## お江戸上野広小路亭

Oedo Ueno Hirokoujitei

### ぎゅっと詰まった席で、講談を聞くのもいい。

伯山をもっと聞きたい人にお薦めしたいのが、日本講談協会、落語芸術協会の両方に定席があるお江戸上野広小路亭だ。1996（平成8）年に始まった、この上野の演芸スポットは、中央通りと春日通りの交差点の一角に立つビルの3階にあり、それほど広くはない空間に座椅子とパイプ椅子100席がぎゅっと詰まっている。開場30分前には人で溢れるため、整理券を配布してくれるのもうれしい。開場したら整理番号順に入場しよう。

●東京都台東区上野1-20-10 上野永谷ビル3F　☎03·3833·1789
「日本講談協会定席」 ㊒（月2回）13時〜16時　㊕2,500円（前売2,000円）
「講談広小路亭」 ㊒（月1回）12時〜15時30分　㊕2,000円（前売1,500円）
ntgp.co.jp/engei/ueno

観客席は畳席と椅子席がある。120名というキャパシティのため、芸を間近に見ることができる。

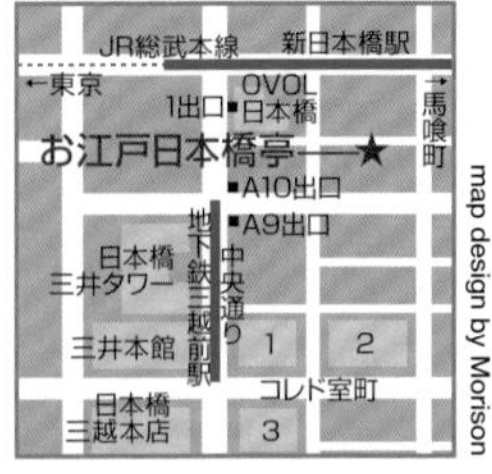


## お江戸日本橋亭

Oedo Nihonbashitei

### 日本橋のオフィス街で、たっぷりと講談を。

最も旬のネタやネタおろしに出合えるのが、お江戸日本橋亭だ。日本橋のオフィス街に伝統芸能を体感する場として1994（平成6）年に始まり、日本講談協会主催の「若葉会」が月に二度開催されている。高座時間も細かく設定されておらず、前座・二ツ目の挑戦の場となっており、伯山が前座時代から挑んできた寄席。今後「若葉会」で伯山を観ることはかなわないが、違う会では観ることができるだろう。これからも楽しみにしたい。

●東京都中央区日本橋本町3-1-6 日本橋永谷ビル1F
☎03·3245·1278
「講談若葉会」 ㊒（月2回）12時〜15時　㊕1,500円
ntgp.co.jp/engei/nihonbasi

# 日本講談協会の定席。

## 新宿永谷ホール（新宿Fu-）

Shinjuku Nagatani Hall

### 講談をじっくり聞くなら、2カ月に一度のこの会で。

普段はお笑いのライブ会場として使用される新宿永谷ホールは、お笑い芸人の登竜門的存在として1992（平成4）年に始まり、落語や講談などの古典芸能も行われている。2カ月に一度のペースで日本講談協会主催の「講談新宿亭」が平日に昼夜入れ替えありで開催。西武新宿駅向かいに立つ永谷ビルは、入り口に掛かる「講談・新・宿・亭・定席」と書かれた提灯が目印だ。ゆったりした間隔で席が設けられているのも見やすい。

日本講談協会主催なので、神田松鯉一門以外の神田派の講談もたっぷり聞くことができる。

●東京都新宿区歌舞伎町2-45-5 新宿永谷ビル1F
☎03・3232・1251
「講談新宿亭」
㊫（1月及び偶数月）
昼の部13時～15時30分、夜の部18時～20時30分
㊕2,000円
ntgp.co.jp/engei/sinjuku

## 渋谷で演芸を楽しむ。

真打や二ツ目の講談師や落語家が活躍する空間は、仕事帰りでも立ち寄れる遅めの開演時間がうれしい。

## 渋谷らくご（ユーロライブ）

Shibuya Rakugo (eurolive)

2014年11月に、渋谷に定期落語会が誕生。毎月5日間限定で開催し、落語の習慣化を図る。

### 毎月5日間開催される、初心者向けの落語会。

「渋谷らくご＝シブラク」は、寄席のない渋谷で初心者が楽しめる落語を根付かせた存在。ミニシアターの施設を使っているため、ソファ椅子の座り心地がよく、全178席の左右の並びと傾斜の角度も絶妙に調節され、ストレスなく高座に集中できる。当日券を用意しているので、並ぶ覚悟があれば前売り券なしでも人気者の話芸を楽しめる。またインターネットとの連携など、細かく発信される情報は演芸に触れる間口を広げている。

●東京都渋谷区円山町1-5 KINOHAUS 2F ユーロライブ
☎03・6675・5681
㊫（毎月第2金曜日から5日間）
18時～19時、20時～22時（金月火）、14時～16時、17時～19時（土日祝）
㊕「渋谷らくご」「しゃべっちゃいなよ」2,500円（前売2,300円）、「ひとりらくご」「ふたりらくご」1,200円（前売1,000円）
eurolive.jp/shibuya-rakugo

カバー写真　栗原 論
ブックデザイン　阿部リツコ(Bonjour Design)
DTP制作　雨奥崇訓(oo-parts design)
校正　杉本順司
企画協力　冬夏

pen BOOKS
# 1冊まるごと、松之丞改め六代目神田伯山

2020年2月22日　初　版
2020年3月3日　初版第3刷

編　者　ペンブックス編集部
発行者　小林圭太
発行所　株式会社 CCCメディアハウス

〒141-8205　東京都品川区上大崎3丁目1番1号
電話　03-5436-5721(販売)
　　　03-5436-5735(編集)
http://books.cccmh.co.jp

印刷・製本　大日本印刷株式会社


ISBN 978-4-484-20202-0